第9回日本パートナーシップ大賞事例集

企業が伸びる
地域が活きる

協働推進の15年

パートナーシップ・サポートセンター　岸田 眞代 編著

はじめに

　2012年開催の「パートナーシップ大賞」は、第１回(2002年開催)から数えてちょうど10年。審査員のお１人から、「誇るべき全国区の事業なのだから『日本』をつけよう」とのご提案をいただき、改めて日本全国に支えられた事業であることを認識させられたのです。そして、はじめて冠に『日本』を付け、「第９回日本パートナーシップ大賞」と銘打った記念すべき回となりました。
　また併せて、第一次書類審査を通過した協働事例の現地調査について、改めて調査スタッフみんなで調査項目を１つずつ検証していきました。というのは、回を重ねるにつれ協働のレベルが全体として上がっていることもあって、評価基準があいまいになりつつあったのです。
　したがって、いま１度、私たちが目指す協働とは一体どういうものなのか、地域や社会の課題をどのように解決しているのか、その評価の基準はどうあるべきなのかを、より厳密に検討していきました。調査員による評価や見方の差をより少なくし、より公平にしようという意味を込めてのものでした。現地調査は複数員で行うことで判断の偏りをなくすこと、さらにその組み合わせを考慮するなど、賞としての独自の仕組みを築き上げてきたことも、このパートナーシップ大賞の大きな特徴の１つです。

　第９回は全国から33の協働事業が集まりました。累計で238協働事業、都道府県では山梨、石川を加えて36都道府県になりました。企業等が＋47で延478社、NPOが＋36で延283団体になりました。3.11後の大手企業の素早い動きを反映するように、初挑戦の大手企業の善戦が目立ちました。それだけ企業は地域やNPOとの関係をより強めているといえるのでしょう。中小企業も負けてはいません。地域を巻き込んだ協働が地方に元気を与えています。

1つひとつの協働事業にさまざまなドラマがあります。協働によるそれぞれの事業の意味と世界が見えてきます。私たちはこれらの素晴らしい協働事業を、現地でのヒアリング等をもとにきちんとみなさまにお伝えし拡げていく使命を負っています。

　第1部は、グランプリを獲得した、高校生によるNPOと阪神淡路大震災を経験しながら三重県多気町で復活した万協製薬による「まごコスメプロジェクト」事業をはじめ、入賞と同時に初めての中日新聞社賞も獲得した「空と土プロジェクト」事業、同じくオルタナ賞も獲得した「ニートの就職を支援『ホンキの就職』」事業など10事例を掲載しています。

　また第2部では、2013年7月17日にパートナーシップ・サポートセンター（PSC）創立15周年を迎えたこともあって、この間の企業とNPOの協働推進15年間の歩みを、「パートナーシップ大賞」を中心にまとめました。ちょうど、中部経済新聞からの依頼により9月から「企業とNPO　企業が伸びる　地域が活きる」の連載を始めたこともあり、一部連動させつつまとめたものです。

　「パートナーシップ大賞」とそこから生まれた多くの事業が、私たちのミッションとして掲げた「すべての人が個人として尊重される豊かな市民社会の実現をめざして、地域における企業とNPOのパートナーシップを中心に、社会のさまざまな場におけるパートナーシップの形成に貢献する」ことに、わずかなりとも寄与できているとしたら、これほどうれしいことはありません。

　　2013年11月吉日
　　　特定非営利活動法人パートナーシップ・サポートセンター（PSC）
　　　　　　　　　　　　　　　　代表理事　岸田　眞代

Contents

はじめに 2

第Ⅰ部　第9回日本パートナーシップ大賞事例

第9回日本パートナーシップ大賞グランプリ受賞事例

case1 ●「まごコスメプロジェクト」事業
「我々は"チームまごころ"！」
高校生NPO＋地元企業の真剣協働 8
NPO法人植える美ing＋万協製薬株式会社、
株式会社相可フードネット「せんぱいの店」、多気町

第9回日本パートナーシップ賞＋中日新聞社賞受賞事例

case2 ●「空と土プロジェクト」事業
都市と農山村をつなぐ「新たな価値」の創出 18
NPO法人えがおつなげて＋三菱地所株式会社

第9回日本パートナーシップ賞＋オルタナ賞受賞事例

case3 ●「ニートの就職を支援『ホンキの就職』」事業
大手企業の就職支援の知見を
ニートの若者たちの社会参加に活かす 27
NPO法人「育て上げ」ネット＋株式会社リクルートホールディングス

第9回日本パートナーシップ賞受賞事例

case4 ●「HSBC子ども支援プロジェクト」事業
陸前高田を支える次世代を育成して復興を支援！ 35
NPO法人NICE（日本国際ワークキャンプセンター）＋HSBCグループ、
陸前高田市教育委員会、独立行政法人 国立青少年教育振興機構

第9回日本パートナーシップ賞受賞事例

case5 ●「こどもの急な病気ののりきり冊子販売」事業
子どもを産んでも働き続けられる社会の実現を目指して 43
NPO法人ノーベル＋株式会社電通関西支社

第9回日本パートナーシップ賞受賞事例

case6 ●「広島県東部海域里海保全」事業
漁協を巻き込んだアサリ資源の回復による、
人工干潟の再生 51
NPO法人瀬戸内里海振興会＋浦島漁業協同組合、山陽建設株式会社、
ラボテック株式会社、広島県

調査事例

case7 ●「ご当地グルメ東北6県ROLL復興支援」事業
6つのROLLで東北復興を目指す事業を担う人々 ……… 59
一般社団法人東の食の会＋株式会社イヌイ

case8 ●「ラブタカタラブジャパンプロジェクト」事業
日本初の事業「キーポスト」を通じて
陸前高田市に継続的な寄付を …………………………… 64
一般社団法人SAVE TAKATA＋ジャパンリカバリー株式会社

case9 ●「TABLE FOR TWO」事業
互いの強みを活かし食の課題を解決 ………………… 69
NPO法人 TABLE FOR TWO International ＋オイシックス株式会社

case10 ●「ラベンダーグローブで小児がん患児支援」事業
寄付がつなぐ、「日本で初めての小児がん専門施設」
完成への夢 ………………………………………………… 74
NPO法人チャイルド・ケモ・ハウス＋キンバリークラーク・ヘルスケア・インク

第Ⅱ部　企業とNPO ～協働推進15年の歴史～

企業とNPO ～協働推進15年の歴史～
「パートナーシップ大賞」を中心に ……………………………… 80
PSC15年の歩み ……………………………………………… 111

第Ⅲ部　データで見る第9回日本パートナーシップ大賞

第1章 ● 募集プロセスおよび応募事業一覧 ……………… 126
第2章 ● 審査プロセスおよび評価方法 …………………… 131

■筆者紹介 ………………………………………………………… 140

第Ⅰ部

第9回
日本パートナーシップ大賞事例

case 1

「まごコスメプロジェクト」事業

「我々は"チームまごころ"!」
高校生NPO＋地元企業の真剣協働

第9回日本パートナーシップ大賞グランプリ受賞

NPO法人植える美ing ＋ 万協製薬株式会社
株式会社相可フードネット「せんぱいの店」
多気町

　三重県多気町。山々に囲まれた、人口約1万5000人の小さな町。この町で多気町が持っているものを最大限生かして協働することで、多気町の宝を育てていこうとする活発な動きです。日本初の、常識破りの取り組みの数々……。そのうちのひとつの取り組みは、「高校生レストラン」というタイトルで、テレビドラマ化されています。

　今回グランプリとなった「まごコスメ」事業は、そんな町から生まれた、多気町に夢と活気を与えている協働事業です。多気町内で唯一の高校である、三重県立相可高等学校生産経済科の生徒たちがつくったNPO法人植える美ingと、地元企業である万協製薬株式会社（医薬品・化粧品メーカー）、それに株式会社相可フードネット（食品サービス業）による、地元産品を使用したスキンケア商品「まごコスメ」シリーズの共同開発・販売事業です。

　「両親が最初は"本当にできるの？"と驚く中、必死で取り組みました。きびしくて、やめようと思ったこともありましたが、普通の高校生ではできないことをたくさん経験できて幸せです」と語る、NPO代表幹事の高校3年生峯川咲希さんは、この4月から協働相手の万協製薬に就職しました。「予定調和（予め誰の目にも結果が明らかで、実際に予想した通りの結果になること）の共同開発のはずが、想定外の展開でした」とは、万協製薬代表取締役社長の松浦信男さん。多気町役場まちの宝創造特命監の岸川政之さんは「多気町の宝である高校生たちと大人たちの誠意がぶつかり合った試みでした」と話します。

　想定外の展開とは？また多気町でどうしてこのような協働が生まれたのか。ひとつずつひも解いていきましょう。

1) 点と点がつながる

協働の契機

「多気町の宝」をつくる動き

　以前から多気町では、県立相可高等学校の生徒たちを巻き込む地域活性化のための協働が行われていました。本事業もそれらの伏線がつながって生まれたプロジェクトです。

　県立相可高等学校は農業高校を母体とし、普通科、生産経済科、環境創造科、食物調理科の4学科から成る高校です。

　多気町役場の岸川さんは、まちの農業振興に取り組む中で、相可高校食物料理クラブとその顧問の村林新吾先生と知り合います。きっかけは2002年2月に開催された「おいしい多気町まるかじりフェスティバル」。多気町の農産物とその生産者にスポットをあてた行事で、企画をした岸川さんが相可高校へ試食会の調理を依頼。このイベント終了後も他の食品開発をともにするなど、両者の関係は続きました。

　2002年10月、産学官連携で、農産物直売施設「多気町五桂（ごかつら）池ふるさと村」の中に相可高校食物調理科の料理研修施設「まごの店」がオープンします。その反響は大きく、高校生たちのきびきびとした元気な姿や美味しいうどんなどが話題を呼び、「ふるさと村」への入場者数の増加と売上向上という地域活性化への一歩を築きます。

　まごの店には県外からもお客が来るようになり、開店前に行列ができるほどになりました。その様子が、「高校生レストラン」として日本テレビ系列でドラマ化（2011年5月〜7月）され、全国的に知られるようになりました。

　この食物調理科のOBが中心となって運営する会社が相可フードネットです。相可フードネットは、「地産地消」を掲げて地域の人たちと協働しながら運営する「食に関する会社」です。食物調理科OBたちの就職先をつくるという目的も込めて、町役場の岸川さん、村林先生、小西蔀さん（相可フードネット代表取締役）が中心となって立ち上げました。相可フードネット

高校生レストラン

のメイン事業は，惣菜とお弁当の店「せんぱいの店」の運営です。

このように相可高校と多気町と農家の交流が盛んになり、地域に明るいニュースが増え、町おこしの機運が高まっていく中で今回の協働事業は生まれました。

高校生がNPOをつくる

ここからは同高校の生産経済科の生徒たちに話は移ります。2006年、生産経済科の生徒たちが中心となり「植える美ing」というNPO法人が設立されます。きっかけは、「高校生でもNPOがつくれるのだったら、つくったら面白いのでは」という1人の男子高校生の言葉でした。

生産経済科では、「経済に強く、環境に優しい産業人の育成」を目指し、生物生産と経済の仕組みを学んでいます。その教育の一環で、園芸福祉シンポジウムに参加。そこでの発表者の多くがNPOだったことから、生徒たちがNPOに興味を持ちました。

2005年夏頃から生徒有志と生産経済科の新谷和昭先生は、NPO法人設立に向けて動き出します。その過程で、外部からは高校生が設立するのは無理だと言われたこともあったそうです。しかし、諦めずに何度も申請書類を書き直して、NPOを設立します。「植える美ing」は、園芸福祉に関する事業を行い、地域福祉の進展に寄与することを目的に設立されました。

新谷先生と町役場の岸川さんは、NPO法人立ち上げの際に知り合います。

当時、高校生NPOということで一度は注目を集めましたが、会費内で動くことしかできず、地味な活動をほそぼそと継続する状況でした。岸川さんからの「企業と協働して何かやろう」という提案を受けて、「植える美ing」の中でプロジェクト・チームをつくり、万協製薬のもとへ向かうこととなります。

多気町に進出した先駆的企業

万協製薬は、1960年に外用薬の製造工場として神戸市に設立された会社です。ところが、1995年1月の阪神淡路大震災によって神戸工場が全壊したため、1996年に多気町に本社と工場を移転して今日に至っています。17年前に多気町に移ってから50倍以上の規模に成長しました。

しかしながら、OEM生産（相手先ブランドによる受託製造）を主事業

としていたため、地域の中でも顔の見えづらい企業であると常々思っていた松浦社長は、2005年頃から、本業を生かしたCSRの一環として、地域産品を活用したスキンケア製品の開発・販売事業に乗り出します。「地域貢献ブランド」と名付けられた商品群は、万協製薬のことを三重県の人にもっとわかってもらい、恩返しをしたいという思いから生まれました。地域の人たちと一緒に地域の産品を使った商品をつくり販売する製品で、「あおさ」「菱の実」「米ぬか」「規格外真珠」「檜の間伐材」「間引きされたみかん」等を活用して、伊勢志摩真珠クリーム、伊賀菱忍者クリーム、熊野古道クリーム・乳液といった製品が誕生しました。

　また、2009年度には日本経営品質賞（中小規模部門）を受賞。高い顧客満足と従業員満足を生み出す革新的なビジネスモデルと明朗快活な組織文化等が評価された結果でした。

　一方、町役場の岸川さんには信条がありました。「地域にある資源を1つひとつ一生懸命磨いて、くっつけて、宝物にしていく。真面目に活用していく。それこそが100年、200年先を見据えた多気町の夢や誇りにつながる活動だ」という思いです。2010年の春、岸川さんが松浦社長に声をかけます。「多気町の活性化にも取り組んでいただけませんか。相可高校食物調理科はとても有名になり、その実践が地域の活性化につながっています。今度は生産経済科にも光を当ててみたいと思うのですが、彼らと一緒に何かクリームでもつくってもらえませんか」と。

　松浦社長はその場で快諾して、協働のテーブルが開かれることになりました。

2　予定調和が破られる

協働の展開

高校生からのダメだし

　5月の終わりには第1回目の会議が開かれました。テーブルに着いたのは、生産経済科の生徒でNPO会員である6名と新谷先生、万協製薬の松浦社長と担当者2名、そして多気町の岸川さん他3名でした。

　当初、万協製薬では、「高校生とでは、真の協働は難しいだろう」と予想し、コンセプトやひな形等すべてを企業がお膳立てして、ところどころ高校生NPOのアイデアを取り入れるという簡単な方法を想定していました。したがって万協製薬ではすでにサンプルを用意していまし

た。福祉をテーマにシニアを対象としたひざ痛対策のクリーム「まごのクリーム」という提案をしたのです。しかし、高校生たちは「そんなのやりたくないです」とその提案を全否定しました。

当時の生徒たちは自信なげで人の目を見て話すことも難しく、敬語が使えずため口で話す状況でした。当時1年生だった峯川さんは「先輩の意見を聞くだけで精一杯で、とても緊張していた」と回想します。

そんな生徒たちの状況に、万協製薬は内心「大丈夫だろうか」と不安を抱きながらも、「それでは、どんな商品を開発したいか考えてきてください」と宿題を出します。生徒たちは3週間かけて、万協製薬のことや、地域の未活用産品について調査した上で、「自分たちが本当につくりたいもの」として、商品コンセプトを考案します。

2回目の会議で、高校生NPOは「地域産品を活用して超一流のハンドクリームをつくりたい」と逆提案。万協製薬が経営品質賞やモンドセレクション最高金賞を2年連続してとっていることを知り「我々もモンドセレクションを取りたい」と意気込みをみせるようになるのです。

当初想定した「予定調和的な協働」という松浦社長の見通しが崩れたのはこの第2回目の会議と、コラボ商品開発費300万円を学生たちが自力で獲得した頃のことでした。100万円は相可フードネットが後輩のためにと出資して、残りの200万円は県のビジネスコンペで高校生NPO自身がプレゼンし獲得したのです。

コラボ商品づくり

万協製薬では通常2ヵ月ほどで化粧品を開発しています。今回の高校生との真剣勝負の共同開発では6ヵ月以上の時間をかけて丁寧に高校生NPOと向き合い製品づくりを進めました。社長と担当者2名の人件費、実験室からラボまですべて、共同開発に惜しみなく時間とノウハウをつぎ込みました。

高校生NPOは商品コンセプトからパッケージ・デザイン、ネーミングに至るまですべて責任を持って決めていきました。多気町産品を使用した製品で、商品コンセプトは「お母さんやおばあちゃん、女性が使い、幸せになってもらう」になりました。まず、学内外で120人にアンケート調査をしてニーズを分析することで、当初のハンドクリーム案からべたつかないジェルタイプに変更し、多気町の特産物である伊勢茶エキス、柿葉エキス、みかんオイルを使用したハンドジェルの開発が始まりまし

た。

　パッケージ・デザインについても、当初、万協製薬は高級感のあるものをと、デザイナーに依頼する予定でした。しかし、高校生NPOが学内コンペを開催して選んだものは、チューブ型で手が強調されたデフォルメ・アニメの乙女チックなものでした。松浦社長は正直「こんなんあかん、絶対売れへん。落書きみたい

まごころシリーズ

やないか。6色づかいのチューブだなんて、歯磨き粉みたいでありえない、しかも余分にコストもかさむ」と思ったそうです。しかし、ターゲットの女性たちにアンケートをとってみると「持ち歩くのにかわいい」という高評価が得られました。

　こうして、高校生NPOからたくさんの提案が出され、時にそれは万協製薬側の常識をゆさぶるような内容でしたが、丁寧に議論を重ねていきました。5月、6月と月1回の打ち合わせが、7月～8月に入ると毎週に。この頃から万協製薬は生徒の感覚を信じるようになっていきます。製品化したのは万協製薬ですが、その試作品の質感やデザイン確認、調合・充填・包装等の一連の製造プロセスすべてに高校生NPOは立ち合い、確認しました。

　また同時に、生徒たちを育てようという町ぐるみの協力が始まりました。多気町と相可高校は、生産経済科全員にマナー研修を4回以上開催し、大人のルールを教えました。万協製薬でも、「この機会にできる限り企業について知ってもらおう」という考えにもとづき、「会社・マネジメント、CSR、マーケティング」といった内容の簡易な経営講義をして、高校生NPOの意識を高めていく協力をしました。

販売に向けての取り決め

　販売に向けての準備としてさまざまな取り決めも同時に進めました。顧客からの相談窓口としても、リスク管理上においても、企業（相可フードネット）が間に入ることがよいだろうということになり、相可フードネット「せんぱいの店」が発売元となります。また万協製薬も商品をネットその他で発売します。商品のパッケージには、企画・開発「三重県相

可高校 生産経済科」、発売元「㈱相可フードネット」、製造販売元「万協製薬㈱」と明記されています。

　こうして、2010年初冬、製品第1号の「まごころteaハンドジェル」は発売されました。現在も協働は継続中で、まごころシリーズとして製品ラインアップを拡大中です。リップクリーム、日焼け止めBBクリーム、ハンドクリーム、化粧水と、6商品が共同開発され販売されています（2013年4月現在）。

　製品売上げの5％分が高校生NPOに現物寄付されることになり、最初に寄付された現物商品は相可高校の全生徒に配ったそうです。今後は寄付商品を高校生NPOが販売して現金化することで、NPOの活動資金にしていくことになります。

　ハンドジェルは、2012年度モンドセレクション銀賞を獲得しました。2012年11月までの約2年間で、シリーズ総販売数は6万4121個、売上総額は1855万2930円となりました。

モンドセレクション銀賞受賞

3　協働の輪が広がる

協働の発展

感動した取引先企業が仲間に入る

　生徒が育ち多気町の多くの人々が協力してつくりあげた「まごころコスメ」を、万協製薬の松浦社長は、地域活性化の可能性を示すものとして、日本中に知ってもらいたいと思い、まずは「まごころ tea ハンドジェル」を取引先企業に送りました。
そのうちの1社、株式会社近江兄弟社がハンドジェル製品とそのストーリーに感動して「まごころコスメシリーズとして、リップクリームを共同開発したい」と申し出てくれました。

　2011年6月に近江兄弟社も入って会議が開催され、ここでも、生徒たちと企業は真摯な態度で協働します。　近江兄弟社社長が、万協製薬の松浦社長に驚きと感心の電話をしたことがあります。「リップクリーム

のパッケージ・デザインが、生徒とプロとの間で最後まで意見が分かれて。それで女子生徒が泣きながら訴えてきたのですよ。大人の世界ではこれは無理なことですかと。今まで従業員が泣きながら訴えてきたことがありますか？ ないですよね」

　2011年11月「まごころ tea リップクリーム」は発売されます。2012年4月には、食物調理科の同級生の手荒れ対策のために考案した、保湿性を高めた「ゆず香るまごころ honeyクリーム」を製品化。さらに、日焼け止めBBクリーム「まごころBBミルク」「まごころSPミルク」と立て続けに商品を発売することができました。

韓国でも営業する

　プロジェクトは現在も継続中です。企画立案だけでなく店頭販売や営業を生徒が経験しました。おそろいの「かきみちゃん（パッケージ・デザインのキャラクター）Tシャツ」やハッピを着て、東京や広島、大阪のドラッグストアで販売活動を展開。韓国営業にも松浦社長と一緒に行きました。店頭販売では「一番経験がある私が一番売れなくて、思わず泣いてしまったことも」と語る峯川さん。高校生NPOはさまざまな体験をして成長していきました。気づいたら敬語を使い、人の目を見てきちんと話すことができるようになっていました。

4　真剣勝負の協働で得たもの
協働の成果と組織の成長、社会への影響

　この協働に関わる人々は、組織の垣根を越えて、ひとつのチームとしてのまとまりを見せるようになり、いつしか「チームまごころ」と呼び合うようになっていました。「チームまごころ」には、松浦社長が作詞作曲したテーマソングもあり、高校生たちが歌ったCDもあります。高校生NPOと企業と町の協働はお互いの違いを面白がって、文化祭のようにエネルギッシュにパワフルに、そして即興も交えながら進んでいきました。

　もちろん大変なこともたくさんありました。遊びたい盛りの高校生たちでしたが、学業と両立させながらこの協働事業に取り組みました。ときには監視されているような気分になったこともあるそうです。「とても楽しいけれども、ある意味厳しくてハードな活動でもあったので、辞

めたいと思ったこともありました」と峯川さん。現に途中で辞めた生徒もいます。担当の新谷先生は、「彼女たちの孫ができた時にこの商品があってほしいのです。10年後に、この時の経験の貴重さがわかってもらえれば、それでいいと思っています」と応援し続けています。

チームまごころ

　うれしい想定外もたくさん起こりました。韓国まで営業にいったこと。モンドセレクション銀賞を得たこと。三重県知事に会ったこと。そして、相可高校の知名度、人気、入試倍率が高くなったこと。何よりもこの協働で、生徒たちが自信と誇りを勝ち得ました。

　もちろん、まだまだ課題はあります。営業にかかる交通費はすべて万協製薬が払っています。「最終的には、そういったさまざまなコストまで高校生NPOが考えて活動できるようになってほしい。営業先の開拓やアポ取りまでできれば理想的ですね」と岸川さんは言います。

　万協製薬は相可高校、多気町と連絡を密にとり連携してここまで進んできました。企業にとっても、たくさんの収穫がある取り組みでした。たとえば「かわいい」の概念を取り入れたマーケティング。近江兄弟社ではこの協働がきっかけとなり女子開発チームが誕生しました。万協製薬にとっては多気町に愛着がますます湧くような、強力なストーリー性を持つすばらしい製品シリーズを生み出せたこと。高校生たちとともに学んだこと。多気町を元気にする取り組みであること。この協働事業は、多気町にたくさんの夢と希望とつながりを生み出しました。

5　まごころコスメ・シリーズが生み出した価値

　多気町役場の岸川さんは「大人にこれだけ愛されていると、ここ（多気町）に残りたくなるのだと思います」と話します。多気町に残って就職する道を選ぶ高校生が増えているのです。

　この事業で生徒と一緒に1つひとつの商品にきちんとしたコンセプト

をつくり創造した「まごころコスメ」。その舞台裏では、松浦社長いわく、「企業のおじさんたちがノリノリになって」、高校生の発想とデザインを育てようと頑張りました。高校生たちは、企業のマーケティングや仕事の概念にショックを与えるような提案と姿勢を示しました。そして何よりも、真摯に取り組んだことで人として成長して、大人たちを驚かせました。人は「舞台（機会）と温かい信頼さえ与えられれば、こんなにも育つ」という事実こそ、この協働事業が実証した大きな成果ではないでしょうか。この事実の積み重ねこそが、多気町で育まれている貴重な宝となる経験であり、社会的な価値だと思います。　（文責：横山恵子）

■調査協力（肩書きは 2012 年 10 月 3 日現地調査時のもの）

峯川咲希氏（NPO法人植える美ing 代表幹事、三重県立相可高校生産経済科3年生）
新谷和昭氏（NPO法人植える美ing 園芸担当、三重県立相可高校生産経済科教諭）
松浦信男氏（万協製薬株式会社代表取締役社長）
森下健氏（万協製薬株式会社品質管理部開発課）
岸川政之氏（多気町まちの宝創造特命監）
現地視察　2012年10月3日(水)
多気町役場、多気町五桂池ふるさと村、㈱相可フードネット、万協製薬㈱

■審査員から

　企業とNPOが同じ目的を持ち、役割を果たし、更に拡がりにも期待できるという点が高く評価されました。自分たちのやりたい園芸福祉が地域の役に立ち、新しい価値を生み出し、それをサポートする企業が現れました。農業の世界では、今、六次産業化や農商工連携が言われ、国が一生懸命コーディネートしようとしています。地域のいろんなセクターが結集すれば、地域の中で解決でき、地元の発展に寄与できるという一つの証明でもあると思います。

（飯尾歩氏　中日新聞社論説委員）

case 2

「空と土プロジェクト」事業

都市と農山村をつなぐ「新たな価値」の創出

第9回日本パートナーシップ賞＋中日新聞社賞受賞

NPO法人えがおつなげて ＋ 三菱地所株式会社

　「限界集落」という言葉をご存知でしょうか。これは長野大学大野晃教授が1991年に提唱した「65歳以上の高齢者が集落人口の半数を超え、冠婚葬祭をはじめ、農業水路や農道の清掃・補修などの社会的共同生活の維持が困難な状態に置かれている集落」を指しています。農山村の過疎高齢化は深刻さを増していますが、一方で日本の農山村には「宝の山」があると主張する人がいます。これからご紹介する「空と土プロジェクト」を支えるNPO法人えがおつなげて（以下、「えがおつなげて」）の代表理事を務める曽根原久司さんです。

　曽根原さんは、過疎高齢化が進む山梨県北杜市須玉町増富地区を拠点に、都会からボランティアを募って耕作放棄地の開墾や農地の再生に取り組んでいます。その活動の母体となっているのは、「村・人・時代づくり」をキーワードに地域共生型のネットワーク社会を築くことを目的に設立された「えがおつなげて」なのです。

　曽根原さんは「日本の農村資源を活用すれば、10兆円規模の産業と100万人の雇用創出が可能」と主張します。この10兆円構想は、①6次産業化による農業（3兆円）、②農村での観光交流（2兆円）、③林業、建築、不動産への森林資源の活用（2兆円）、④農村にある自然エネルギー活用（2兆円）、⑤教育、健康、福祉、出版、eコマースなどのソフト産業（1兆円）という5つのビジネスモデルで構成されています。

　この協働事業のパートナーである三菱地所株式会社（以下、三菱地所）は、事業領域に近い分野で地域社会との共生に取り組みたいと考えていました。同社の環境・CSR推進部社員が「えがおつなげて」が主催する限界集落ツアーに参加したことが、「空と土プロジェクト」のきっかけとなったのです。

　第9回日本パートナーシップ賞と中日新聞社賞を受賞したこの協働事業は、

地域共生型ネットワーク社会の創生に取り組むNPOとまちづくりを基本使命とする企業の特性を活かして、都市と地域社会との共生という社会的課題の解決に向けて活動する企業が協働したCSVプロジェクトです。CSV（Creating Shared Value）とは、社会のニーズや問題に取り組むことで社会的価値と経済的価値が同時に創造されるという共通価値の創造の考え方です。

1 都市も農山村もお互いに元気になる社会を目指して

協働事業の目的

「えがおつなげて」のミッション

　この協働プロジェクトで中心的な役割を担っている曽根原さんと「えがおつなげて」についてご紹介しましょう。曽根原さんは大学卒業後、都内のコンサルティング会社勤務を経て経営コンサルタントとして独立しました。しかし、バブル崩壊を期に地方に拠点を移して新たな起業を考えるようになったのです。

　彼の思考スタイルは、①過去から現在に至る状況を整理し、②現在の課題とそれを取り巻く環境を把握、③今後の展開をベクトルの方向性と長さで予想し戦略プランを立てるというものです。経営コンサルタントとしての経験から、食料・木材・エネルギー自給率の低さがわが国の社会基盤を揺るがす要因になると考えたのです。

　曽根原さんが起業の地として選んだのは、山梨県北杜市でした。この土地を選んだ理由は、①山梨県の耕作放棄地が全国第2位、②北杜市の耕作放棄地は800haで県内の耕作放棄地率ワースト1、③農山村資源が豊富、④巨大消費地である首都圏に近いというものでした。

　1995年、北杜市（当時は白州町）に移住し、100坪の農地を借りて自給のための農業を始めました。しかし、農村には「組」という組織があり、「組」に属していない者は農業用水も利用できないのです。曽根原さんはこの地域に移住した住民に呼びかけて新しい「組」を組織し、自らも組長兼農事役として地域社会の人々と積極的に関係を築いていきました。

　起業家精神旺盛な曽根原さんは、農業以外にもさまざまなビジネスを企画します。その1つが別荘向けの薪セールスです。荒れ放題になっている山林の間伐を行う代わりに薪を無料で貰い、これを八ヶ岳山麓の別荘住人に販売したのです。こうした経験が東京の企業と耕作放棄地の開

墾を一緒に行い、そこで収穫した農作物を東京で販売するという交流事業へと発展していくのです。

　曽根原さんが手掛けた農地は、1996年10aから2000年2haと拡大しました。もはや1人の力で耕作できる限界を超えていました。そこで農業を学びたいという研修生を都市から募集し、彼らに農作業を手伝ってもらうことになったのです。曽根原さんは農業を中心とした都市農山村交流事業に誰もが自由に関われる組織の必要性を感じ、2001年にNPO法人を設立します。これが「えがおつなげて」です。「えがおつなげて」の母体は、1998年から曽根原さんが自宅で主催していた異業種交流会です。名称には人々がネットワークをつくり、個人も笑顔、地域も笑顔にという思いが込められています。

サステナブルなまちづくり─三菱地所が目指すCSV

　「えがおつなげて」とパートナーを組む三菱地所は「まちづくりを通じて社会に貢献する」という基本使命のもと、「人を、想う力。街を、想う力」というブランドスローガンを掲げてCSR活動を展開してきました。2008年には「三菱地所グループ社会貢献活動基本方針」を策定しました。

　新たな基本方針は①社会的課題の解決と自らの成長、②三菱地所グループらしい活動の展開、③社会との連携の三本柱で構成され、「地域社会との共生」「文化・芸術支援」「環境保全」「社会福祉」の4領域を重点分野に位置づけています。

　同社の社会貢献活動の特徴は、経営資源を活用して事業領域の内外において多様な団体と対等な関係を築きながら連携を推進し、社会的課題の解決と自社組織の成長を目指すことにあります。取締役社長杉山博孝さんは、「多くの制約がある中で、企業がその特性を活かして社会的課題の解決に取り組むための方法の1つに良きパートナーとの連携がある」と語っています。「空と土プロジェクト」は、こうした同社の理念から誕生したのです。

2 「空と土プロジェクト」の始動

協働事業のプロセス

農山村資源と都市ニーズを組み合わせて新たな起業へ

　「えがおつなげて」は、三菱地所との提携前から企業ファームを運営していました。その仕組みは「えがおつなげて」が借り受けた耕作放棄地を利用して、企業は種まきから収穫までの農作業に従事します。収穫した農作物は企業が製品の原材料として全量を買い上げます。企業ファームを活用することで、生産から消費までの流通経路を食品から遡って確認するトレーサビリティ（traceability）が可能となります。企業は食の安全に対する消費者の期待に応えていくことで、ブランド価値の向上が期待できるのです。

　三菱地所グループ社員は、耕作放棄地の開墾や荒廃した森林の間伐体験を通じて地域の人々との交流を重ね、農山村の現状と課題を共有することから始めました。開墾によって再生に成功した棚田（5600㎡）と畑（1400㎡）［2012年3月末現在］は「空土ファーム（そらつち）」と名づけられました。「空土ファーム」では農薬や化学肥料を使用しない農法で、うるち米、もち米、酒米、とうもろこし、じゃがいも、トマトなどが栽培されています。

　遊休農地開墾ツアーや間伐体験に参加した三菱地所グループの社員とNPOは、開墾した農地や山梨県内の森林資源の利活用に向けたワークショップを行いました。ワークショップで提案された数々のプランは「空と土プロジェクト」活動の中で実践されていくことになります。

空と土プロジェクト体験ツアーの拡大と地域交流の加速

　空土ファームから収穫された農作物や国産材などの地域資源と企業の経営資源を融合させるさまざまな活動がスタートしました。空と土プロジェクト体験ツアーは、①CSRツアー（三菱地所グループ社員・家族向け）、②空土バスツアー（三菱地所コミュニティ管理のマンション居住者や三菱地所レジデンスクラブ会員向け）、③酒米づくりツアー（丸の内エリア就業者、三菱地所グループ社員・家族向け）、④空土倶楽部イベント（空土倶楽部登録者）で構成されています。

　CSRツアーは開墾・間伐体験やバイオ燃料精製体験などを通じて、グループ社員のCSR意識の啓発につなげています。空土バスツアーは農業

体験を通じてマンション購入者同士の交流を深めるきっかけづくりを目指しています。酒米づくりツアーは、丸の内エリアの就業者の交流を深めることを目的としています。空土倶楽部は空と土プロジェクト体験ツアー参加者のコミュニティ倶楽部で、コミュニティハウスづくりや収穫祭（味噌づくりや餅つき）などを実施しています。2008〜2011年に26回の体験ツアーが実施され、参加者は延べ730名を数えました。地元の老舗酒蔵との共同開発から生まれた純米酒「丸の内」は空土ファームで栽培した酒米を原料に使用しており、丸の内エリアのレストランやショップで販売され人気商品となっています。

3 都市と農山村をつなぐ仕掛け

協働事業の仕組み

第1次プロジェクト（2008〜2010年）

　2008年7月、「えがおつなげて」と三菱地所は連携協力に関する協定を締結しました。この連携協定は「両者が連携して北杜市須玉町増富地区を中心とする都市と農山村の交流活動を推進することで、都市部と農山村部が抱える社会的課題の解決に努め、心豊かで暮らしやすい社会の実現に寄与すること」を目的しています。協定書に盛り込まれた7つの連携・協力活動からは、このプロジェクトに込めた両者の意気込みが感じられます。

(1) 農山村での体験活動およびグリーンツーリズムなど都市農山村交流の促進
(2) 地域の農林水産品等地域資源を活用したイベントなどの検討、開催
(3) 都市と農山村交流に関するセミナー、ワークショップ、交流事業などの開催
(4) 森林再生・利活用に関するビジネスモデルの検討
(5) 農家民泊・農家レストラン・オーベルジュ（宿泊のできるレストラン）等の検討
(6) 自然エネルギー開発に関する共同研究や都市との連携モデルの検討

空土バスツアー「親子夏野菜収穫キャンプ」
（2012年）　出所：三菱地所株式会社

(7)「えがおつなげて」が事務局となっている関東ツーリズム大学に関する連携・協力

　曽根原さんは活動を始めるにあたって、農村体験、人間関係の形成、製品開発、事業化を骨子とする３ヵ年計画を提案しています。これが第１次３ヵ年計画（第１次プロジェクト）です。実践プログラムは、①森林再生・利活用プロジェクト、②ファームレストラン・オーベルジュプロジェクト、③自然再生エネルギープロジェクトから構成されています。森林再生・利活用プロジェクトは、山梨県産材の利活用を検討する取り組みです。地球温暖化やエネルギー問題に対処するため、国土の３分の２を占める森林資源を石油に代わるバイオマス資源や食糧・飼料を産み出す生産森林に再生させる取り組みが始まっていて、戸建住宅に山梨県産材を利活用するビジネスモデルの開発を目指しています。

　ファームレストラン・オーベルジュプロジェクトは、都市と連携した食の拠点をつくることで地域再生を目指す取り組みです。都市の住民が農業体験だけでなく、自分で収穫した食材を食すことのできる施設の展開を検討しようというものです。

　自然再生エネルギープロジェクトは、自然再生エネルギーを地域で使用するだけでなく、都市部のビルやマンションとオフセットする仕組みづくりを検討する取り組みです。

第２次プロジェクト（2011～2013年）

　三菱地所は本プロジェクトについて、従業員、NPO、学識経験者などで構成されるステークホルダーミーティングを定期的に開催していま

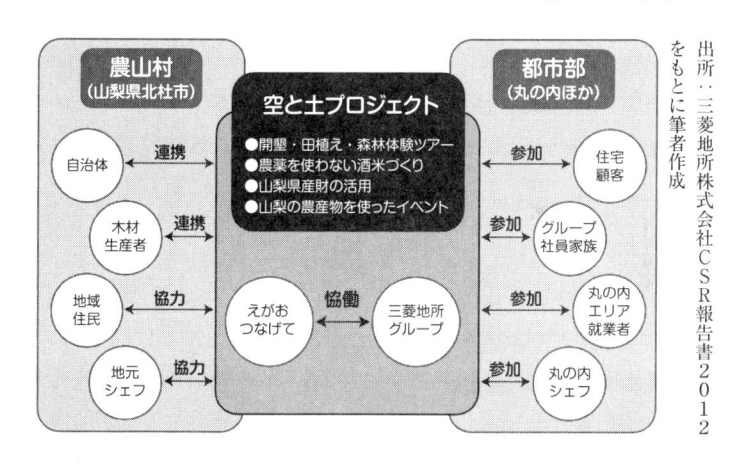

出所：三菱地所株式会社CSR報告書2012をもとに筆者作成

す。「空と土プロジェクト」に対しては、「本プロジェクトを通じて、国産材の利用拡大の推進に向けた活動を今後も継続してもらいたい」、「社内の事業部を通じた活動の拡がりを感じる」、「これまでの活動経験を活かして被災地で市民参加型の農地や漁場の再生に取り組んでみてはどうか」などのコメントを頂いています。2011年からは第2次3ヵ年計画(第2次プロジェクト)がスタートしました。

交流から始まったCSR活動が住宅事業や食をテーマとした領域で商品開発につながり、事業にもリンクしてきたという点がこのプロジェクトの強みです。

4 巻き込み、仕掛け、連携からビジネスモデルを創出　　協働事業の成果

「農山村には資源という宝はありますが、この宝を活かす担い手が不足している」というのが曽根原さんの持論です。「空と土プロジェクト」の中でも、人々が知恵を出し合い、農山村に埋もれている宝(資源)を活用してビジネスモデルに仕立て上げた事例が、山梨県産材認証制度の創設です。

林野庁の統計によると山梨県の森林率は78.0%で全国第5位ですが、林業産出額は17億7千万円で全国ベースでは第40位に過ぎません。

2008年、三菱地所グループ社員を対象とした間伐ツアーが実施され、社員自らが間伐を体験しました。間伐終了後は山梨県と北杜市の林業担当者も参加して、山梨県産材の利活用を考えるワークショップが開催されました。間伐材が打ち捨てられている現状を目の当たりにした参加者からは、山梨県産材の活用推進に向けたさまざまなアイデアが出されました。こうして、山梨県産材を活用するための新たなソーシャル・バリューチェーンづくり(社会的価値を生み出す付加価値連鎖)が始まったのです。

国産材の利活用は、森林資源のトレーサビリティ(生産・流通過程における追跡可能性)を確保する取り組みです。森林資源のトレーサビリティについて、林業者、木材加工業者、住宅メーカー、消費者など利害関係者の多くは全く無頓着だったのです。

ここでひとつの壁に突き当たりました。山梨県が取得しているFSC認証(Forest Stewardship Council、森林管理協議会)では、県外の加工

第2次プロジェクト（2011～2013年）出所：NPO法人えがおつなげて提供資料をもとに筆者作成

事業領域	実施プロジェクト
CSRの事業連携モデル 【対象】 山梨県及び首都圏近くの地域と都市との交流活動 【内容】 社会的課題への取り組みをテーマとして事業との連携モデル	◆森林再生・利活用プロジェクト 　→国産木材活用（山梨モデル） 　→国産木材活用（戸建てリフォーム） 　→国産木材活用（首都圏エリアモデル）
	◆販売前マンションとの連携 　→農業体験・ファーム付マンション等の付加価値モデルの検討
	◆販売後マンションとの連携 　→Kadan倶楽部、三菱地所プレミアム倶楽部との連携
	◆丸の内エリアとの連携 　→エリア社員食堂、山梨フェア 　→丸の内マルシェの拡大・エコ結びとの連携
	◆東京21cクラブ×関東ツーリズム大学 　→丸の内キャンパス事業連携
増富モデル 【対象】 北杜市須玉町増富地区 【内容】 増富を中心とした北杜市の資源（耕作放棄地・有機農作物・空家・温泉・中山間地域の景観や自然など）の利活用モデル	◆農作物の販路拡大→レストラン、マルシェ（丸の内エリア）、宅配ほか
	◆空土倶楽部の活性化
	◆ワークライフバランス研修実施の検討
	◆自然再生エネルギープロジェクトの検討 　→EVツーリズム 　→自然再生エネルギー施設ほか
	◆温泉再生のソフト面での協力
	◆ファームレストラン・オーベルジュプロジェクトの検討
	◆空家活用の検討→リノベーション
空土ツアー 【対象】増富地区	◆ツアー内容の見直し 　→事業連携モデルに関連したツアー

　施設で処理した木材製品は山梨県産材として認定されなかったのです。曽根原さんは、県外で加工した製品も山梨県産材として認定できる新たな認証制度を提案し、三菱地所グループの三菱地所ホーム株式会社は新たな認証制度利用して構造用部材の国産材比率を35%から45%に引き上げました。

　山梨県産材を活用したビジネスを拡大するため、三菱地所、三菱地所ホーム、山梨県、「えがおつなげて」の4者は、「山梨県産材の利用拡大の推進に関する協定」（2011年）を締結しました。協定締結によって、山梨県における三菱地所グループのネットワークは、川上（生産）から川下（供給・販売）に至るサプライチェーンへと発展しました。

　「空と土プロジェクト」は日本パートナーシップ賞に加え「中日新聞社賞」も受賞しました。同賞はNPOと企業の協働によって地域を元気にした事業を顕彰するため、今回新たに設けられました。三菱地所グループの経営資源と山梨県の地域資源を活用して地域の活性化に取り組む「空と土プロジェクト」は、この賞に相応しい取り組みといえましょう。

この協働事業は農山村、都市住民、企業、行政などの特性を理解したNPOが、連携の要役となったことが成功のポイントです。第1次プロジェクトではNPOと企業の連携による「企業ファーム」ビジネスが確立されました。続く第2次プロジェクトでは行政を巻き込んだソーシャルビジネス・モデルへ発展し社会的なインパクトも拡大しています。「空と土プロジェクト」は「民間企業とNPOを軸とした都市農村共生モデル」によるソーシャルチェンジ（社会を変える）の可能性を示しているといえるでしょう。

山梨県産財の活用に関する四者協定の記者会見　出所：三菱地所株式会社

（文責：長谷川直哉）

■**調査協力**（2012年9月28日現地調査）
　曽根原久司氏（NPO法人えがおつなげて代表理事）
　木下一氏（NPO法人えがおつなげて東京事務所事業マネージャー）
　水田博子氏（三菱地所株式会社環境・CSR推進部）
　樫本真弓氏（三菱地所株式会社環境・CSR推進部）

■**参考文献**
　曽根原久司（2011）『日本の田舎は宝の山―農村企業のすすめ』日本経済新聞出版社
　やまなしコミュニティビジネス推進協議会編・刊（2012）『ソーシャルチェンジのおこしかた～成長への5ステップ』

審査員から…………………………………………………………………

　日本の各地にみられる過疎化・高齢化などは、農村部の深刻な課題です。これらは農村の問題ではなく、都市との関係の中に根ざしていると考えられます。その新しい関係づくりを通して解決に向けた素晴らしい活動です。それは都市と農村の交流だけではなく、美しい棚田の再生を協働で行い、地域資源を活用して本格的に事業化をし、それぞれのネットワークをさらに拡大されることで、関わった方々が元気になっています。
　今後も持続可能な地域づくりに貢献し、全国のモデルとなって活動を続けていただきたいと思います。

（黒田かをり氏　一般財団法人CSOネットワーク理事・理事長）

case 3

「ニートの就職を支援『ホンキの就職』」事業

大手企業の就職支援の知見を
ニートの若者たちの社会参加に活かす

第9回日本パートナーシップ賞＋オルタナ賞受賞

NPO法人「育て上げ」ネット ＋ 株式会社リクルートホールディングス

　「社会に参加できずにいる若者が、笑顔で働けるために」―このミッションを実現すべく、就労を希望しながら就職活動に踏み出せないでいるニートの支援のためおのおのの分野のエキスパートであるNPOと企業が手を組んだのが本事業です。長年の雇用支援事業を通じて獲得したノウハウの社会的活用を検討していた株式会社リクルートホールディングス（前身は「株式会社リクルート」：以下、リクルート）は、ニートなど課題を抱えた若者の就労支援にあたってきたNPO法人「育て上げ」ネット（以下、育て上げネット）の専門的助言と運営協力を得て、ニート層を対象に絞り込んだ4日間の就職応援プログラムを開発します。さらに研修講師の無償派遣・養成の仕組みを導入して、このプログラムを北海道から沖縄まで全国12団体16拠点のNPO法人等に展開しました。企業がもつ就職支援の知見とNPOがもつニート実態の情報を組み合わせることで、実効性の高いプログラムの開発と運用を可能にしています。

1 ニートの就職決定を強力にアシスト

協働の背景

　育て上げネットは「すべての若者が将来に希望をもてる社会」をビジョンに掲げて2004年に設立されました。現在、東京都立川市を中心に全国5拠点（法人本部を含む）において、年平均3000人にのぼるニートなど課題を抱えた若者たちの支援にあたっています。職業実習型の「若年者就労基礎訓練プログラム（通称：ジョブトレ）」と、相談支援型の「地域若者サポートステーション」（厚生労働省事業：以下、サポステ）を支援プログラムの柱としています。

　一方のリクルートホールディングスは、1960年の創業以来、就職・転

職サイトの運営などを通じた就職支援事業や、住宅、結婚、旅行等のセールスプロモーション事業で成長を遂げてきた会社です。同社では事業のグローバル展開をにらみCSR活動を通じた企業評価の向上に力を入れています。

「事業の知見を社会に還元すること」という社会貢献ミッションを有するリクルートでは、雇用支援事業を通じて獲得したノウハウの活用を検討し、15歳から34歳までの日本の若者のうち約60万人存在するといわれるニート（就職も就職活動も行っていない人のうち、家事も通学もしていない人たち）の問題改善に取り組む必要を感じていました。しかし「就職活動を行っている人たち」（既卒者・フリーター）への支援実績はあるものの、「就職活動を行っていない人たち」（ニート）に対してアプローチする方法がありませんでした。そこで連携先を模索する中で、相談先の紹介により出会ったのが、ニート支援のノウハウを有する育て上げネットでした。

一方で、育て上げネットはニートに就職への興味・関心を持たせるプログラムを有していたものの、最終的に就職決定に至るまでの出口支援は個別カウンセリングが中心で、採用応募になかなか踏み出せない層に

若者のための就職応援プログラム
ホンキの就職

「ホンキの就職」プログラム・ロゴ

財団法人北海道国際交流センター（北海道）
NPO法人ビーンズふくしま（福島県）
NPO法人「育て上げ」ネット（埼玉県、東京都、神奈川県、大阪府）
NPO法人侍学園スクオーラ・今人（長野県）
NPO法人ICDS（愛知県・岐阜県）、
NPO法人青少年自立援助センター北斗寮（愛知県）
NPO法人エンド・ゴール（愛知県）
社会福祉法人伊賀市社会福祉協議会（三重県）
NPO法人キャリアファシリテーター協会（和歌山県）
NPO法人さぬき自立支援ネットワーク（香川県）
NPO法人おーさぁ（熊本県）
社団法人日本青少年育成協会（沖縄県）
計14都道府県 12団体

連携団体・開催場所（2012年6月21日時点）

対してより有効なプログラムの開発が必要であると認識していました。そうした折、リクルートからニート層支援の相談を受け、渡りに船とばかりに協力することを約束しました。
　こうして両者は課題を共有し、より多くのニートの自立を支援したいという思いを契機に、2011年10月、連携が開始されました。それまでリクルートが取り組んできた、既卒者やフリーターを対象にした4日間の就職応援プログラム「ホンキの就職」(同年4月開始)をベースにする形で、育て上げネットがもつニートの活動実態の情報を反映させ、プログラムの開発・調整が進められました。
　翌月には、育て上げネット利用者のニート合計19名へプログラムを試験的に提供し内容の検証を行いました。プログラム参加後1ヵ月以内の就職決定率は21%と、それまでの進路(就職及び進学)決定率2%の約10倍と好成績であったため、2012年4月からは本格的に事業を開始。まず育て上げネットが展開する立川市、川口市、川崎市、大阪市の4拠点でプログラム提供を行いました。その後、同年5月からは北海道から沖縄に至る14都道府県において、サポステを運営する12のNPO法人(育て上げネットを含む)等のニート支援団体との連携を開始しました。2013年9月末現在、24団体40拠点で本事業は展開されるに至っています。

2 「応募の電話が怖い」等の不安感を払拭
　協働の内容

　本プログラムは4.5時間／日×4日間の少人数制グループワーク形式とし、自己分析や面接練習を通じて、自分の長所や適性を把握する内容となっています。基本的に、ニートが自らの力で問題を発見し、主体的に活動できるようになることを目的に設計されています。
　ニートの多くはコミュニケーションに対する不安の強さや職業能力への自信の低さにより、アルバイトの採用募集でもなかなか応募に踏み出すことができないとされています。実際、プログラム参加者の5～6割が直前の1ヵ月間、まったく応募を行っていないということです。そのため相互にグループ・メンバーの励ましを受けながら1日1件の応募ができるようになることを目標に定め、参加者同士で応募活動の振り返りと対処法の検討を継続させます。これにより「応募の電話が怖い」「面接で話せるか自信がない」など応募に足踏みする不安感を払拭させます。

「ホンキの就職」(既卒者等向け)の様子　　応募振り返りシートの例

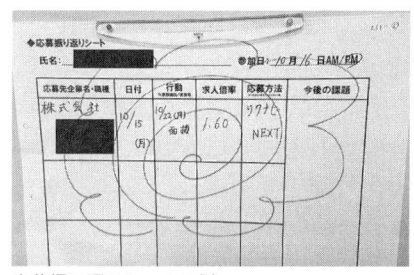

　また特定の職種や雇用形態へのこだわりが強いため、視野を拡大するように指導するほか、企業が求めていることをイメージして自分との接点を語れる力を育成することに努めています。このようなニートの特性に合わせて、当初はセミナー形式であったものを、参加者同士の関係づくりを重視するワークショップ主体に変更したり、スーツでの参加を求めることを辞め、普段着での参加を認めたりするなど改善を重ねました。

　こうして本プログラムへの参加を通じて多くのニートの若者が社会への参加を果たしていきました。20代前半の女性のAさんは過度な長時間勤務を理由に前職を退職し、そもそも前職が自分に合っていたのか疑問をもち、半年くらいかけてじっくりと今後について考えたいと思っていました。しかし「ホンキの就職」に参加することで2日目からは応募行動を開始し、就職の意識と意欲の高まりがみられ、受講後にはアルバイトが決定。3ヵ月後には貿易関係事務職で派遣社員に採用されました。また20代後半の男性Bさんは「経理×正社員」という職種と雇用形態へのこだわりの強さからか、就職活動を続けるも苦戦が続いていました。そこで「ホンキの就職」に参加することで、短期・中長期とキャリアを分けて考える視点が身に付き、職種／雇用形態へのこだわりが緩和されました。受講4ヵ月後には希望の経理・総務職でのアルバイトが決定、その後、仕事を継続しながら中長期キャリアについての相談を行っています。

3 プログラムの開発から実施データの管理に至るまで

協働のパターン

　それでは本事業においてリクルートと育て上げネットはどのように役割を分担していったのでしょうか。

まずリクルートは同社OBなど外部の専門家に委託してプログラムの開発を担ったほか、OB講師を各地の実施団体に無償派遣し、さらに現地での8日間にわたる講師養成（4日間の模擬講義と4日間のトライアルから構成される）に関わっています。その他、チラシ・ポスターの作成や各団体向けプレスリリース用見本原稿の提供など各拠点の集客支援も行っています。一方、育て上げネットはプログラムの開発にあたって、ニート層の特性に合わせて参加者間の相互交流を促す仕組みの導入を図るなど専門的助言を行うほか、各地の実施団体とリクルートを取り次ぐ事務局窓口となり、事前のニーズ・アンケートの実施や各拠点の参加者数や就職成果などのデータ管理の面で協力しています。これら年間約2000万円の事業支出については委託者のリクルートが負担しています。

　次にリスク管理について見ると、まず現場レベルではメンタル障がいを抱える受講生が参加することも考えられ、突発的な事象に対応できるよう（事情によっては実施団体側が退席を求められるよう）参加規約を交わすことを実施団体側に求めており、その規約作成支援もリクルートが行っています。また事業全体のリスク管理としては、同社は厚労省の担当者とも事前に打ち合わせ、国費の入るサポステ拠点での講座実施に企業の関与を許すことで、特定の企業の営業行為を助長しているという評判上の問題が生じないよう、無償原則を徹底させることで同意を得るようにしています。さらにその後の拠点施設向け募集時においても厚労省の担当者への報告を欠かさず行っています。

　こうした本事業の役割分担について両者は協定書を作成しています。育て上げネットによる成果把握のためのデータ管理については委託契約書に基づいており、講座実施については著作権管理（教材を転売しないなど）を含め覚書を交わすことになっています。

「育て上げ」ネットの山本さん　　　　リクルートの黒石さん

4　全国のサポステ拠点への段階的波及
協働の成果

　4日間に及ぶ「ホンキの就職」は、全国の各拠点において、登録者数にもよりますが、基本的に年4回実施されています。少人数制のため1回の参加者数は5人から15人ほどですが、参加実績は、全国で109人（2012年6月現在）にのぼっています。

　また当初の取り組みがテレビや新聞等のメディアで評判を呼び、各地でサポステ施設を運営するNPOから問い合わせが増えました。そこで2012年度の途中で追加募集をかけ、支援施設を12法人16拠点から28拠点に増やすことで対応しました。

　育て上げネットは単独で事業実施する場合（1ヵ月以内の進路（就職及び進学）決定率2%）に比べ、より即効的に就職支援（半年以上契約のアルバイトを含む1ヵ月以内の就職決定率31%）につなげることができました。もっとも、成果を適切に評価するには今後、6ヵ月後、1年後の就職実績や定着率を見ていく必要があるとしています。

　リクルートは、本業の強みを活かした事業として高い成果を上げることができたと評価しています。育て上げネットの協力によりプログラムの改良を図ることができ、他のNPOへの展開も可能になりました。リクルート担当者は直接支援の場に関わることができ、受講生が「自分の人生においてこんなに変化のあった数日間はない」と落涙する姿に接することで手応えを感じ、事業継続への意欲を高めています。

　一方、育て上げネットは事業展開する上で大企業との連携によりブランド力の獲得につながったと評価しています。まだ担当者個人レベルに留まっているものの、リクルートの担当者から、定量的なプログラム評価の手法（数値の裏付けに基づく解釈）の習得を通じて「データの切り方、活かし方はたいへん参考になる」と学びを得ている点は、協働の深まりを示すものとして注目できます。

5　震災避難者への支援にも拡充
協働の拡がり

　リクルートは、本格的にNPOと連携する初の事業ということもあり社内で反響を呼び、社員から「業務のノウハウが世の中のためになることがわかり従業員として誇りを感じる」という声も寄せられています。

またSNS(ソーシャル・ネットワーク・サービス)で「ホンキの就職」が話題となったことから役員層からも注目されるに至っています。
　NPOへの認識共有はまだ緒についたばかりの段階であるものの、CSR推進室には、社員から東日本大震災の被災地支援のボランティアとして参加するために、NPOを紹介してほしいとの依頼が寄せられるなど、社会貢献意欲の醸成につながっていると同社の担当者は評価しています。
　さらにリクルートは育て上げネットを介して、同NPOの協働パートナーである日本マイクロソフト社や日本ヒューレット・パッカード社など他社とのつながりができ、江東区内の震災避難者に対して就労支援プログラムを協働で実施するなどの試みにつながっています。
　一方、育て上げネットは既知の間柄であるサポステ施設運営のNPOネットワークへの横展開はできたものの、全国のサポステ拠点すべてへの声掛けや巻き込みは十分にできていないという反省があります。今後、本事業のパンフレット頒布やポータルサイト構築を通じて、事業の重要性について各地のサポステ拠点に十分に伝えることができればと考えています。さらに2、3年後をめどにリクルートと協働して、プログラムの効果を記した書籍が刊行できればと考えています。

6　まとめにかえて

協働の評価

　本事業ではニートの受講生たちに就職への意欲や自信を回復させ、平均以上の高い就職決定率の実績を上げることができました。ニートであっても応募活動がうまくいけば就労者が増加することを、数値的データで実証的に示し、「なまけもの」といったニートへの偏見を解消することにつながったと考えられます。また属人的な要素の強い就職支援のカウンセリング業務において、企業のノウハウを用いて体系化しえた点は大いに評価できます。
　ただしすべてのニート層というわけではなく、就労意欲の比較的高い層にしかアプローチできていないことが課題として残っています。またアルバイト(半年以上の雇用期間のものに限る)等の職に就いた受講生が正規就労を目指す場合に、リクルートとしてどのようにフォローアップしていくか(企業の選び方指導や個別カウンセリングに協力するなど)検討中です。

また支援団体向けの講師養成についても、ある程度モデルを確立できたものの、NPO側としては開講回数の拡大に向けて講師の数確保が課題であり、リクルートの研修を受けた講師が内部で講師を養成するような方法が期待されます。しかし、講師の質の担保、リクルートが知見を提供する価値の維持という条件から、現段階では直接養成に留まっています。

　今後、両者では、サポステ終了後の講座プログラムの有償化や、講師認定・資格化の仕組みの導入などより長期的な展開を検討しています。さらに各地のサポステ拠点についてブロックごとにネットワークで研鑽を積む機会を設けるなど、横展開による支援ノウハウの蓄積にも力を入れていきたいとしています（すでにファシリテーター向けの集合研修がプログラムに組み込まれることになりました）。また予防的に学生の頃から支援できないか、情報提供サイト・リクナビ等で学生との接点の多いリクルートの知名度を活かして、大学4年生向けの講座企画についても検討しています。

　課題を抱えたあらゆる若者が労働参加できる社会基盤づくりに向けて、育て上げネットとリクルートの両者の取り組みがより深まることを期待したいと思います。

（文責：高浦康有）

■調査協力・資料提供（肩書は2012年9月21日現地取材時のもの）
　山本賢司氏（NPO法人「育て上げ」ネット事業統括部長）
　黒石健太郎氏（株式会社リクルートCSR推進室）

審査員から

　ニートの方に対して、ただ就職したらいいということではなく、リクルートの就職支援のプログラムと育て上げネットの自立支援がプラスされ、完成されたプログラムになったと思います。1人ひとりが成長していくプロセスが、この協働事業の中で非常に明確に描かれています。働きたくても働けない人たちが60万人もいるという日本社会は、決して幸せな社会・国だとは言えません。そういった人を1人でも少なくしていこうというこの事業を心待ちにしている方が、全国にたくさんいらっしゃると思います。今後の拡がりにも期待しています。

（岸田眞代　PSC代表理事）

case 4

「HSBC子ども支援プロジェクト」事業

陸前高田を支える次世代を育成して復興を支援!

第9回日本パートナーシップ賞受賞

NPO法人 NICE
（日本国際ワークキャンプセンター）

＋

HSBCグループ
陸前高田市教育委員会
独立行政法人 国立青少年教育振興機構

　東日本大震災によって甚大な被害を受けた岩手県陸前高田市で、NPO、企業、行政の連携による、小中高校への教育支援が行われています。それがHSBC子ども支援プロジェクト事業です。この事業には、①学校教材や学校行事など公的な支援ではカバーされない修学費用を提供する学校教育支援、②学校以外でも子どもたちの学びや遊びの場を確保する課外教育支援、③グローバルな視野や感覚を身につける機会を提供する人材育成支援から成り立っています。NPO、企業、行政が連携することで、陸前高田の未来を支える子どもたちが成長する機会が提供されています。

1 陸前高田の現状を目の当たりにして

協働のきっかけ

震災後の陸前高田市にて

　日本国際ワークキャンプセンター（以下、NICE）は、1990年に国際ボランティアを国内外で行うことを目的として設立されたNPOです。国内で国際ワークキャンプを実施するとともに、海外で開催される国際ワークキャンプへの参加の窓口として、日本から多くのボランティアを派遣しています。国際ワークキャンプとは、グループで生活をともにする合宿タイプのボランティア活動です。NICEは、1999年から2003年にかけて、陸前高田市でも国際ワークキャンプを実施していました。陸前高田市の農業やお祭りといった地域行事を、ボランティアとして支援する活動です。震災後は2011年4月から陸前高田市内に拠点を設けて、被

陸前高田での
ボランティア活動

害を受けた田畑の片付け、家屋の掃除、放課後の子どもの学習支援などの災害ボランティアに取り組んできました。

　一方、HSBCグループ（以下、HSBC）は、80を超える国と地域に約6900の拠点を有する世界でも有数の金融グループです。日本におけるグループ本社は東京にあります。HSBCは、2008年からNICEと連携して、東京都日の出町での里山保全活動などの社員参加型の社会貢献活動を行ってきました。これまでNICEと連携をとっていたこともあり、震災後の陸前高田市で、小学校裏山や田畑の片付け、個人宅や田畑の瓦礫撤去・草刈りなど、NICEとともに何度も災害ボランティア活動を実施してきました。

　そして、陸前高田市の復興支援に携わる中で、NICEとHSBCは大きな課題を目の当たりにします。

子どもたちの教育環境を何とかしたい！

　その大きな課題とは、子どもたちを取り巻く教育環境がとても厳しいということです。特に、①学校教材や学校行事など公的な支援ではカバーされない修学費用が必要であること、②学校以外での子どもたちの学び場や遊び場を喪失してしまったこと、③陸前高田市の今後の復興を担う、グローバルな感覚や視野を備えた次世代の人材教育が行えない状況にあることです。NICEとHSBCはこのような状況を目の当たりにし、子どもたちをとりまく教育環境を改善しなければならないという問題意識を持つようになります。

　そこで、NICEとHSBCはともに何度も陸前高田市を訪問し、陸前高田市教育委員会主催の学校長会議に出席し、ミーティングを重ねて、震災後の教育現場とも問題意識を共有していきます。陸前高田市教育委員会は震災後、市内の学校、図書館、体育館、各種施設の復旧に尽力しているものの緊急的な事業を優先せざるを得ない状況にあり、教育環境の

厳しさに関心を持ち、問題意識を共有してくれる外部組織の存在はとてもありがたいものでした。

2011年9月には陸前高田市の要請を受けて、NICE、HSBC、陸前高田市の間で、学校教育における子どもたちへの支援についての検討が開始されました。2011年11月にはNICEとHSBCから、①市内小中高校への奨学金の提供、②市内小中学生を対象とした国際交流英語教育キャンプの開催、③市内中高生を対象とした国際ワークキャンプへの参加という、3つの支援を柱とした「HSBC子ども支援プロジェクト」の概要が発表され、3500万円という大規模なプロジェクト予算がつけられたのです。HSBC子ども支援プロジェクト事業の始まりです。

では、それぞれの支援がどのように行われてきたのかをみていきましょう。

2 学校長の判断で奨学金を活用

協働の展開1

すべての学校に奨学金を

まずは、市内小中学校と高校への奨学金を提供する学校教育支援についてです。この事業の奨学金は、陸前高田市教育委員会を経由して、在籍生徒数に応じて陸前高田市の小中高校に提供されます。この奨学金の最も特筆すべきことは、陸前高田市のすべての小中高校へ奨学金が提供されることと、奨学金の使途が学校長の判断で拠出できることです。市内すべての小中高校へ奨学金が提供され、使途が限定されていないため、教育現場のニーズに適した奨学金として活用できることになります。例えば修学旅行や遠足などの学校行事、部活動、学校教材の提供といったように、通常の寄付や補助金の支援範囲から漏れがちな学校の教育活動にも奨学金を適用できるのです。このように、HSBC子ども支援プロジェクト事業の奨学金は、現場のニーズを重視した柔軟な仕組みをもっているといえます。

現場に必要な奨学金を

このような柔軟な奨学金制度が創設された背景には、丹念な実地調査によって、これまでの寄付や助成金のほとんどが使途限定型であり、現地のニーズに対応できていないことが判明していたことがあります。そ

して、被災者から奨学金申し込みを直接受け付ける仕組みを導入したとしても、本当に必要なところに奨学金が届きにくい実態などを把握していたため、学校経由で在籍生徒数に応じて奨学金を配布することにしたのです。

実際、学校からは「野球やサッカーなどのメジャースポーツに支援が集中するが、他の部活動への寄付が少ないので非常に助かった」「全生徒が遠足に参加することができた」という声が届いており、現場のニーズに合わせて奨学金が有効に活用されたことがわかります。HSBC子ども支援プロジェクト事業の奨学金は、単に奨学金を提供すれば良いというものではなく、現場のニーズに配慮して、学校長の判断で使用できるというところに大きな特徴があるのです。

3　英語を学ぶキャンプを開催
協働の展開2

えいご de スノーキャンプ

　国際交流英語教育キャンプは、学校以外でも子どもたちの学びや遊びの場を確保する事業です。まず、2012年3月31日から4月1日にかけて、「えいご de スノーキャンプ」が安比高原と国立岩手山青少年交流の家で行われました。参加対象者は、陸前高田市内在住もしくは陸前高田市内の小中学校に通う小学校3年生から中学校3年生までの50名です。スノーキャンプでは、子どもたちが、NICEのボランティアやHSBC社員と一緒にスノーシュー体験や雪遊びをし、国立岩手山青少年交流の家で宿泊し、英語を使って自然について学習します。このように、国際交流英語教育キャンプは、野外体験や英語でのコミュニケーションを通じて、子どもたちが同郷の友達と交流して触れ合いを深め、国際的な経験をしてもらうことで、心身のリフレッシュの機会を提供するという事業なのです。

　国際交流英語教育キャンプの野外体験は、子どものニーズを的確に把握しようとするアンケート調査をもとに計画されました。アンケート調査では、震災以降、子どもたちの79％が野外体験なし、95％が国際教育体験なし、44％が学校外での体験活動が一切なし、というように、子どもたちの野外体験が圧倒的に不足していることが判明していました。そこで、NICEがこれまで行ってきた国際ワークキャンプでの経験やノウハウを活かして、野外体験をベースとしたキャンプ形式の国際交流の機

会を提供しようという事業が考案されたのです。

　実際、国際交流英語キャンプは、NICEがこれまで行ってきた国際ワークキャンプの経験やノウハウが有効に活用されました。特にキャンプの事前研修では、子どもたちとのコミュニケーションや健康管理について綿密な打ち合わせが行われました。キャンプ中も参加生徒4人につきボランティアが1人担当するというように、密なコミュニケーションがとれる工夫がなされ、子どもたちを担当するボランティアが、子どもたちの健康状態をチェックする体制を徹底させるなど、健康管理においてもきめ細やかに対応されています。

継続する中での改善

　「えいご de スノーキャンプ」に続いて、「えいご de サマーキャンプ」（2012年7月27～29日）と、「世界と出会う2日間♪HSBCフェスティバル」（2012年11月23～25日）が開催されました。

　サマーキャンプでは、登山、キャンプファイヤー、テント設営などの野外体験だけでなく、みんなで料理をするというインターナショナルクッキングも行われました。これはスノーキャンプの振り返りの中で、子どもたちとボランティアがもっと一緒に取り組むイベントがあった方が良いという反省点から出てきたものです。また、スノーキャンプのときは、キャンプへの申し込みがFAXとメールだったものを、サマーキャンプのときには、募集チラシに返信ハガキをつけて、それを切り取るだけで申し込みができるようにしました。定員も50名から100名に拡大させました。

　HSBCフェスティバルでは、陸前高田市内だけでなく、東日本大震災被災地の岩手県沿岸部の子どもたちや、30人を超える岩手県内の大学生・高校生もボランティアとして参加してくれました。

えいご de サマーキャンプ「テントの前でみんなで」　　HSBCフェスティバル「子どもたちと世界の遊び」

4 次世代の担い手を育てるために

協働の展開3

海外の国際ワークキャンプへの参加

　海外の国際ワークキャンプへの参加は、陸前高田市の今後を担う次世代を育成する事業です。陸前高田市の中高生が、インドネシア、タイ、ベトナムでの2週間の国際ワークキャンプに参加し、外国の若者と生活を共にして、意見交換や文化交流を行い、国際経験を得てもらいます。

　参加者はそれぞれの国に各4名の合計12名です。教員とNICEスタッフもそれぞれ1名が同行します。参加者は食費の一部として5000円を支払いますが、陸前高田市から現地への渡航費、期間中の宿泊費、現地での活動にかかる費用は、HSBC子ども支援プロジェクト事業が負担します。宿泊は現地の公民館や青少年センターなど、簡素ですが安全な建物で、食事は交代当番制で自炊をしたり、食堂を利用したりします。現地に出発する前にはHSBCグループ本社を訪問し、クイズ形式で金融のことについて学びます。

自分が支援する立場に

　インドネシアでは、バリ島の古都ジョグジャカルタ郊外のセモヤ村で、2006年のスマトラ大地震後の津波の被害からこの地域がどのように復興してきたのかを学びます。タイでは、北東部の自然豊かな農村地帯ルーイで、洪水防止のための植林を行います。ベトナムでは、南岸部のフーヤンで台風の被害を受けた家屋、幼稚園、学校の修復作業を行います。

　国際ワークキャンプに参加した陸前高田市の中高生は、震災後、多くの人によって支援されてきました。しかし、国際ワークキャンプでは、自分たちが支援する側になり、現地の困っている人を助けることになります。そのため、参加する子どもたちには、ルールや指示をきちんと守り、協調性と責任感を持って協力できることや、活動に対して高い意欲を持ち、指示を待つだけでなく、積極的に行動できることが求められます。協力し合うこと

タイでの国際ワークキャンプ「植樹」

や積極的に行動することの大切さを学ぶことで、参加した子どもたちは成長していくのです。もちろん、現地の若者と寝食を共にし、力を合わせて活動することによって、仲良くなることも大切な経験となります。

5 それぞれの強みと弱みを活かした協働
組織の成長

　では最後に、この事業においてそれぞれの組織がどのように強みを発揮し、組織の成長につながっているのかについてみていきましょう。
　NICEは、これまで多くの国際ワークキャンプを実施し、多くのボランティアをコーディネートしてきた経験と実績があります。また、陸前高田市でもボランティア活動をしてきたこともあり、地元とのつながりはできていました。ただ、民間の非営利組織ゆえに、公的組織に比べると知名度に課題を抱え、保護者の信頼を得られにくいという弱みがありました。しかし、HSBC、国立青少年教育振興機構、陸前高田市教育委員会と協働することで、大きな知名度と外部評価を獲得することになります。また、これだけ大きな事業を運営することで、事業マネジメント力は飛躍的に向上することになりました。
　HSBCは世界でも有数の金融グループであり、多くのリソースを有しています。しかしながら、教育に関するノウハウはなく、そのリソースを、特に人材を活用したくても組織単体では教育活動を実施しにくいという課題を抱えていました。このような課題は、NICE、国立青少年教育振興機構、陸前高田市教育委員会と協働することで解決されていきます。教育ノウハウを十二分に有しているパートナーと協働することで、教育支援という事業に活躍の機会を得ることになりました。そして、社員がこの事業に携わることで社員の自発性が高まり、社員有志の独自プロジェクトが始まるなど、社内に大きな動きを生み出しています。陸前高田市をはじめとした被災地の名産品の購入を通じて、経済的に復興を支援する「お土産ファンド」がその一例です。
　国立青少年教育振興機構は、最新の施設とプログラムが整備された大型拠点を有しているという強みを持っており、震災後も、被災地の子どもたちのためにキャンプを何度も実施した実績を持っています。しかし、公的機関であるがゆえに年度ごとの事業計画の制約を受け、ニーズに柔軟に対応することが困難です。NICEやHSBCなどの民間組織と連

携を組むことで、被災地のニーズに適した形で施設やプログラムを活用することができました。国立岩手山青少年交流の家における国際交流英語キャンプのような取り組みは、モデル事業として全国的な波及効果をもたらすことが期待されています。

　陸前高田市教育委員会は、陸前高田市の学校と連携をとるにあたってはなくてはならない存在です。市民からの信頼も厚く、何よりも、被災地からグローバル人材を育成するという姿勢はとても強いものがありました。しかしながら、教育委員会自体が甚大な被害を受け、緊急的事業を優先せざるを得ない状況にありました。長期的な観点から人材を育成するためには、それを支えるだけの資金や人材を確保することが必要となります。NICE、HSBC、国立青少年教育振興機構との協働や、この事業はそれを達成させているのです。

　この事業は、行政も含め多様なセクター間による協働の好例といえるでしょう。また、グローバルな金融グループが、その豊富なリソースを、ローカルなコミュニティにいかに投入し貢献すればよいかのモデル事例となる可能性を有しています。このプログラムに参加した陸前高田市の子どもたちが、今後、被災地域の復興の担い手として育っていくことを期待したいと思います。

（文責：小室達章）

■**調査協力**（2012年9月10日現地調査）
　上田英司氏（NPO法人NICE／日本国際ワークキャンプセンター事務局長）
　大畑洋二氏（HSBCグループコーポレートサステナビリティマネージャー）

審査員から

　東日本大震災支援に関する事業の中でも、非常に意義があると思いました。私たち審査員だけではなく、調査員の評価も非常に高い事業でした。私どもが雑誌をやっていて強く感じるのは、この大震災は不幸な天災ではありましたが、その中で日本社会に助け合いの風土が生まれ、企業に社会貢献の気運が高まったことです。皆が協働してひとつの方向に向かう、まさにソーシャルビジネスのひとつの形だと思っています。今までの努力に感謝を申し上げるとともに、今後とも末永く協働を進めていってほしいと思います。

（森 摂氏　㈱オルタナ代表取締役社長）

case 5

「こどもの急な病気ののりきり冊子販売」事業

子どもを産んでも働き続けられる社会の実現を目指して

第9回日本パートナーシップ賞受賞

NPO法人ノーベル ＋ 株式会社電通関西支社

　「子どもが病気になった時、保育園は預かってくれない。でも仕事は休めない」。小さな子どもを持ちながら働く母親は、1度はそんな経験をします。NPO法人ノーベル（以下、ノーベル）代表の高亜希さんは病児保育のサービスを提供する中で、300人以上の働く親たちの話を聞いてきました。明るく乗り切る母親がいる一方で、どう乗り切るべきか涙する母親がいる現実がありました。そしてそんな時、乗り切った母親のノウハウを伝えることで、「助かった」と喜ぶ母親をたくさん見てきました。高さんはこのノウハウを自分の中に留めておくのはもったいないとの想いから、これを1冊の冊子にまとめる決意をしました。しかし…どうやって冊子をつくればいいのかわからず、NPOの仲間に相談しました。その時に紹介されたのは、「株式会社電通」の関西支社（以下、電通）でした。

　冊子作成の話は電通社内の子持ちクリエーター集団「おかんカンパニー」（後述）に伝わり、立場は違うがこの冊子にかけた想いに共感。とんとん拍子に協働して冊子づくりに取り組むことが合意されました。

　働く親たちと接点を持ち、彼らの声を直接聞けるノーベル。リアルおかんならではの共感発想と確かなコンテンツ力を備えた電通のおかんカンパニー。両者がお互いの弱みを補完し、強みを活かしあう、そんな協働関係が生まれました。そしてでき上がった冊子「働く‼おかん図鑑」は想定をはるかに上回るでき栄えでした。2012年5月13日、母の日に発売したこの冊子は、同じ状況に悩む母親をはじめ各界に大きな反響を呼び起こしました。より多くの悩める母親を勇気づけ、そして安心して働き続けられる社会を創造したい。ノーベルとおかんカンパニーの夢は大きくふくらみました。

1 ノーベルの目指す社会

ノーベルの理念とミッション

　ノーベルは2009年4月に現代表の高亜希さんが立ち上げました。高さんは大学卒業後ビジネス経験を経て、2008年に病児保育の先進NPOであるフローレンスに入りました。これは、自分の周りの女性社員たちが結婚し、出産、育児をしながら働き続ける中で、子どもの病気を機に退社するケースを目の当たりにしてきたからです。

　子どもを産んでも当たり前に働き続けられる社会をつくりたい、故郷大阪で病児保育の事業を始めたい、そんな想いでフローレンスを選んだのです。

　フローレンスでの1年間の体験（研修）を経て、2009年4月に大阪でノーベルを立ち上げ、11月にNPO法人格を取得し代表理事に就任しました。諸々の準備を経て2010年2月からサービスを開始したノーベルの理念は「人と人が助け合う仕組みをつくり世の中を変える」こととし、目指すべきビジョンを「子どもを産んでも働き続けられる社会」としました。「子育てと仕事の両立で1番悩むことは？」という質問に、「子どもが病気のときの対応」との回答が約7割にも及ぶアンケートの結果があります。ノーベルはそのような問題を解決し、子どもを産んでも働き続けられる社会を築くため、以下の病児保育憲章を定めています。

ノーベルの吉田さん（左）、高さん（右）

《ノーベルの病児保育憲章》
1、ノーベルは、子どもが熱を出すことを「当たり前のこと」と考えます
2、ノーベルは、子どもが熱を出すことを強い体を創るために「必要なこと」と考えます。
3、ノーベルは、子どもが熱を出すことを親に降りかかる災難ではなく、支援によって地域が結び付く「大いなる恵み」だと考えます。
4、ノーベルは、病児保育問題を「仕事と子育ての両立可能な日本」の実現を阻む象徴的な問題だと考えます。

5、ノーベルは、病児保育問題の解決を「仕事と子育ての両立可能な日本」への、変革の連鎖を引き起こす、絶好の機会だと考えます。

病児保育の現状とノーベルの病児保育

　病児保育とは感染症や発熱などで、保育園に子どもを預けられない場合、保護者に替わって預かりケアすることです。病児保育を必要としている人は多く、高い社会的ニーズがありますが、保育領域の中でもっとも取り組みが遅れている分野で、仕事と育児の両立を阻む象徴的な社会問題です。

　病児保育施設は保育所併設型、小児科併設型と単独型を合わせても全国に約850施設しかなく、これは保育所数の約3.6％にすぎません。

　そして大阪市には当時たった7施設しかありませんでした。しかも1施設の定員は4～12人と、市内園児数約4万6000人に対して圧倒的に不足しています。保育園に子どもを預けて働く家庭の最も大きな悩みであるにもかかわらず社会的なインフラは整っていません。

　そこで高さんは1年間のフローレンスでの経験から共済型地域密着型のシステムを目指すこととしました。

　会員制とし、月会費を納めてもらうことで共助の共済型として経済的な自立を目指すこと、地域の子育て経験豊富なベテランママたちを保育スタッフとして派遣し、地域の小児科とも連携をとりつつ、地域で子育てをする社会を実現しようとしたのです。

　ポイントは3つ、①会員からの当日朝8時までの依頼には100％対応し、必ず預けられる安心感を与える、②自宅で1対1の保育をすることで、きめ細かな保育が可能となり、感染症のお預かりもできる、③親に代わりかかりつけ医の代行受診をする。これらにより、親は普段通りの出勤が可能となります。

　子どもの突発的な病気にも100％対応ができるよう、登録会員制とし、会員みんなで月会費※を積み立て、病児保育の必要経費をまかなう「共済型」を採用し、季節変動が大きく、安定的な運営が難しいとされている病児保育ですが、補助金に頼らない運営を行って

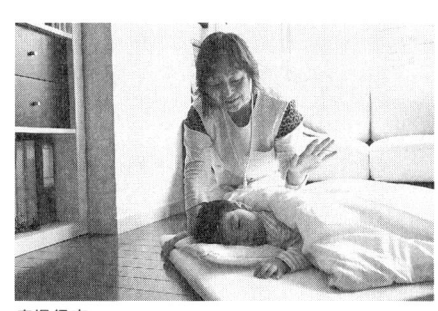

病児保育

います。

※子どもの年齢や利用回数により、4725円／月～1万8900円／月の間で変動制。

現在、保育園や幼稚園での保育士、教諭の経験者や子育てが一段落したベテランママなど、20～60代のスタッフ約30名が日々活躍しています。

2) 病児保育利用者のアンケートから見えてきたこと　協働のきっかけ

ノウハウを伝える冊子作成への決意

サービス開始から1年、2011年度の活動報告では会員数113、お預かり件数271と初年度を大きく上回り、対応できるエリアも大阪市全域へ拡大しました。また利用者のアンケートからも90％近くがノーベルの対応を「とても良かった」と評価しており確かな手ごたえを感じることができました。

ノーベルにはこの1年間で300人近い働く母親父親の話が届いていました。そして、困難な時を何とか乗り切った多くの人たちのノウハウについて知ることができ、そのノウハウを伝えることで「助かった！」と喜ぶ親を何人も見てきました。

高さんは、利用会員の声からあることに「気づき」ました。「このノウハウをこのまま自分たちだけのものにしておくのはもったいない」ということです。そしてこのノウハウを1冊の本にまとめたい、との想いは強まるばかりでした。

電通との出会い・そしてプロジェクト始動

多くの母親が持っている「子育ては大変」という思い込みに対し、「何とかなるって！」ということを伝えたい。しかし実際に編集して本にするとなるとどうしたらいいかわからない。だが、やるしかない。高さんは決心しました。

そこで以前からの知り合いであるNPO法人スマイルスタイルのスタッフに相談したところ、「やはり、いいものにするなら本物の編集やデザインができるところと組んだほうがいいのではないか」というアドバイスを受け、電通と組むことを勧められました。知り合いを通じてコンタクトし、主旨を伝えたところ、電通社内の「おかんカンパニー」につな

いでもらうことができました。

　おかんカンパニーは実際に子育てをしながら電通で働くクリエーター集団であり、本業の中で自らのノウハウ・専門性を活かせる女性向けのテーマを考えていたところでしたので、ノーベル高さんの意図や希望はすぐ理解されました。

　「こどもの急な病気ののりきり方冊子の制作」は、おかんカンパニーが行う最初の事業テーマとして最適な題材ととらえられ、ソーシャルビジネス・プロモーション組織として活動を開始し、協働作業がスタートすることとなりました。まさに平仄が合ったというべきでしょう。

3　プロのスキルが発揮された冊子づくり
協働のプロセス

短期間で「働く!!おかん図鑑」の完成へ

　はじめに、ノーベルから働く母親たちの現状や実現したいことなど、オリエンテーションを行い、それを踏まえ、電通からコンセプト設定、イメージ・デザイン・コピー・キャラクターなどの表現方法について提案がありました。コンテンツとなる先輩おかんたちの経験談やノウハウは、日頃母親たちと接点を持っているノーベルがアンケートを実施し、集めることになりました。

　ノーベル利用会員180名以上を対象にアンケートやインタビューで情報を収集し、膨大な数の生の声から得られた事実の蓄積をデータとしてまとめあげ、電通との編集会議を繰り返し、徐々にイメージを固めていきました。

　電通の制作ノウハウや技術を得たことで、約2ヵ月半の編集期間を経て、当初は想像もしなかったスタートから4ヵ月での完成とすることができました。

　そして、ノーベルにとってイメージしていた冊子がみるみる形になっていくのを見るのはこの上ない喜びでした。

　電通が苦心したのは表現方法です。報告される情報はそれぞれがリアルで切実な声です。そ

ノーベルと電通のミーティング

冊子「働く!!おかん図鑑」　　　　　おかん図鑑「親頼みおかん」のページ

のままではどうしても暗いものになりかねません。そこで、乗り切り方のタイプ別に6つの動物のキャラクターをつかって表現したり、誰もが直面する『おかんの4大お悩み解決』のページ、『仕事復帰前の準備事項4ヵ条』など、読みやすいだけでなく楽しいイメージになるよう配慮しました。ノーベルの高さんは、初稿の『親頼みおかん』の猫ママが「猫をかぶって猫なで声で頼み込む」を読んで思わず噴き出したそうです。

タイトルは「働く!!おかん図鑑」、初版5000部を印刷しました。

4　協働がもたらしたそれぞれの変化　　協働の成果と課題

電通　おかんカンパニーの成長

おかんカンパニーの佐藤朝子さん（電通クリエーティブ局プランナー）は協働のプロセスを振り返って、「ノーベルさんの話を聞いて、最初にこの先輩ママさんたちが行ってきたノウハウを埋もれさせてはいけない、と思いました。ワーキングマザーたちに子どもの病気を乗り切るためのノウハウを伝える冊子をつくりたい、というノーベルさんの明確な目標を知って、我々のクリエーティブ力で『読みたくなる工夫』と『共感できるコンテンツのつくり込み』をしたい、と真剣に自分たちのこととして取り組むことができました。それだけノーベル側が持っている困難を乗り切るためのノウハウが有益な内容だったし、とても良い関係で作業ができました」と語ってくれました。

おかんカンパニーは本事業のスタート時は3名体制でしたが、ノーベ

ルとこの事業に取り組むにあたって社内からコピーライターやアートディレクターを起用し、5名で「図鑑」の編集に取り組みました。その過程は徐々に社内で認知され、そして成果物のでき栄えやマスコミの反響の大きさが社内にも広まりました。

　すでに現在、子ども服・学習塾などのブランディングを担っており、まさに「おかんならでは」のクリエーティブ力を発揮しはじめています。

ノーベルの成長

　「働く‼おかん図鑑」は2012年5月13日の母の日に発行されました。マスコミも好意的に取り上げ、新聞4回をはじめ、テレビ、雑誌、ラジオなど計12回もメディア掲載がなされ、ノーベルの認知度・知名度は一気に向上しました。

　また、高代表には講演や講座の依頼が増え、2012～2013年の2年間で30回以上におよびます。

　「働く‼おかん図鑑」は発売後約2ヵ月で1000冊を突破し、5ヵ月を経過した取材時点では1500冊を数えました。

　また、ターゲットとする大阪市内のみならず、全国からの問い合わせも多く、当事者である母親以外にも「息子の嫁に」「娘に」というおじいちゃん・おばあちゃんや、「職場復帰する部下へ」と職場の上司が購入しています。また、企業の人事課や行政の子育て支援課、全国の男女共同参画センターなどの購入もあり、社会の関心が非常に高いテーマであることを実感させられます。

　当初、ノーベルホームページ上だけでの販売でしたが、電通からの紹介で、ジュンク堂書店7店舗での販売も決定しました。

今後の課題そして新たな展開へ

　ノーベルが掲げるビジョン「子どもを産んでも当たり前に働き続けられる社会」を実現するためには、「病児保育の拡充」だけでは解決できず、子育てしながら働くのは大変、という価値観・文化を変える必要があります。子育てと仕事の両立で1番の悩みの種である「子どもの病気」の対策情報を提供すること、「出産後も働き続けられる」という意識を女性・企業・社会に浸透させることが大きな課題です。

　高さんは最後に「働く女性は増え続けており、企業や行政にも病児保育に関する対策は緊急の社会的課題ととらえてもらうべく今後の活動を

加速していきたい。多く潜在していると思われる病児保育問題に直面している母親にこの図鑑をどう届けるか、が課題です。これを手にしたある母親からは、『「働く!!おかん図鑑」から知恵と同時に元気と勇気をもらいました』と言われました。まさにそうなんですね。両立のノウハウだけでなく、この冊子のコンセプトである『大丈夫。大丈夫。なんとかなるって』というメッセージをひとりでも多くのおかんたちに届けたいんです」と力強く語ってくださいました。　　　（文責：面高俊文）

■調査協力（2012年10月15日現地調査）

高亜希氏（NPO法人ノーベル代表理事）
吉田綾氏（NPO法人ノーベル広報担当）
佐藤朝子氏（株式会社電通関西支社クリエーティブ局プランナー）

審査員から

　冊子を読ませていただき、病気の子どもを預かる施設があるということを、新鮮な思いで見させていただきました。この本が１冊あれば、働くおかんの強い味方になります。ノーベルさんの専門的な知識とおかんたちの生の声。電通さんは表現する力とそれを伝える力。双方がパートナーとして、働くおかんのパワーを存分に発揮しています。今後は大阪だけでなく各地方版をつくっていただき、企業と連携して働くおかんを社会で支えていけるようになればいいなと思っております。今後の発展に期待しております。

（東中健悟氏　近畿労働金庫吹田支店営業部門 店長代理）

case 6

「広島県東部海域里海保全」事業

漁協を巻き込んだアサリ資源の回復による、人工干潟の再生

第9回日本パートナーシップ賞受賞

NPO法人
瀬戸内里海振興会
＋
浦島漁業協同組合
山陽建設株式会社
ラボテック株式会社
広島県

　里海という言葉は里山に比べるとあまり馴染みのない言葉かもしれません。環境省によれば「里海とは、人手が加わることにより、生物生産性と生物多様性が高くなった沿岸海域のこと」であり、「陸地でいう里山と同じく人と自然が共生する場所」です。

　四方を海に囲まれた日本には、かつて沿岸域に多くの藻場（コンブ・ワカメなどの海藻が繁茂する場所）や干潟（干満の差により陸になったり海になったりする海域）が存在しました。しかしながら高度経済成長期に沿岸の開発にともなう埋め立て工事により、これらの多くは姿を消しました。今回の協働の舞台である瀬戸内海においてもその影響は大きく、干潟の減少や水質汚染によりアサリの漁獲量が激減しました。そこで生態系の劣化を防ぎ、生物生産性や生物多様性を高めるため、人工干潟を造成する取り組みが行われてきました。

　尾道市にある5つの人工干潟は、造成後10年から25年が経過していますが、いずれも大規模な改修工事を行っていないため、干潟機能が劣化しアサリの漁獲量が減少していました。干潟は日頃の手入れが重要です。それまでは人力で行っていましたが、長年の波や潮の流れで砂が堆積するなど干潟の形状が変化し、台風などで一気に変化が進むと個人の力では手入れが追いつかず、アサリが獲れなくなっていたのです。

1 瀬戸内海でアサリが獲れなくなった

協働の背景

それは環境学習から始まった

　古来より瀬戸内海は交通の要衝であり、多様で豊かな自然を育みつつ、

地域の暮らしを支える生活の基盤でもありました。また、里海として市民生活の母体であり、地域固有の環境や文化を育んできました。そのような瀬戸内海の魅力発信と環境創造を目標として2003年にNPO法人瀬戸内里海振興会（以下、里海振興会）が設立されました。

里海振興会の田坂さん（左）と西田さん（右）

　最初に取り組んだのは、瀬戸内の各地で行われた「みなと七夕まつり」の会場での、「瀬戸内海や海をどのように思っているか」というアンケートの実施です。その結果、市民が「きれいな海と魚のたくさん獲れる海」を期待していることがわかりました。海に親しむ機会が少なくなった影響もあり、四季を通じた自然に親しむ場づくりの必要性を感じました。そこで里海振興会専務理事の田坂勝さんたちは、地域の人々が海に親しむ場をつくることを目標に「海辺の環境学習」を行います。人工海浜、人工干潟を主な活動場所として、経年による海浜地形変化を学習し、特に海老地区人工干潟（広島県尾道市浦崎町）では、地元の浦島漁業協同組合（以下、浦島漁協）の協力もあり、この環境学習は定期的に継続して行っていました。

漁協は悩んでいた

　浦島漁協は広島県東部の尾道市街から車で20分ほどの、瀬戸内海に面した場所にあります。正組合員81名、准組合員202名、（2012年7月当時）で、主にアサリの生産・販売を行っていますが、近年人工干潟の地形変化の影響で漁獲量が大きく減少し、対策に頭を悩ませていました。

　これらの干潟を利用して環境学習を行っていた田坂さんは、この状況を改善したいと考え、浦島漁協関係者と話し合いました。アサリ資源回復のためには、「干潟の不陸整正（平らに成らす事）」や「海底土の攪拌」、「笹掛け（数十本の竹を海中に立てることにより、アサリ稚貝の着底を促す構造物）、網掛け（稚貝着生とエイによる食害防止のため、干潟にいぐさでつくった網を掛ける）」などの対策が必要となります。しかしながら浦島漁協組合員の高齢化のため、人力でこれらを実施することは困難な状況にありました。そこで、2010年に広島県農林水産部が「農林水産産業活性化行動計画」の企画提案を公募したのを目にした田坂さんは、早速「重機を使った人工干潟耕運計画」を作成し、県に提出しました。

2 協働相手は多様です

協働のパートナー

明確な役割分担

　企画を受け取った県などからは、なぜNPOがこのような提案をするのか疑問に思われていました。しかし、本来なら浦島漁協がやるべき仕事ではありますが、漁業の担い手の高齢化（浦島漁協組合員平均年齢65歳、70歳以上が40％）のため手仕事では限界もあり、重機を使って大々的にやるしかないとの結論に達しました。そのために里海振興会では、海浜工事の経験のある企業と一緒に活動するという枠組みを考えました。浦島漁協は当初、浜の整備は自分たちでできるのではと思い、よその力を借りることには消極的でした。しかしながら里海振興会と対話を交わしたり説明を聞くうちに考え方に変化が現れました。里海振興会の今までの活動実績も大いに参考になりました。

　三原市に本社がある海浜事業経験の豊富な山陽建設株式会社（以下山陽建設）からは土木指導者が派遣され、水産調査や分析を業とする広島市のラボテック株式会社（以下ラボテック）からは水産指導者を派遣してもらい、里海振興会が中心となり協定書を結び、翌2011年に広島県と「広島県東部海域里海保全事業」として契約を締結しました。

　2010年には漁協同士が協働することを目指して、福山市・尾道市・三原市の15漁協並びに行政が参加した「広島県東部アサリ協議会」が発足し、その事務局を里海振興会が担うようになってから、両者の関係性がより一層深まりました。「それまでは環境学習という単純なものであまり密着した関係ではなかった」と浦島漁協組合長の吉岡照明さんは述懐しています。

　人工干潟造成は国土交通省の直轄事業ですが、国・県は造り放しのところがあり後の整備は地元が行わなければなりません。「人工干潟

浦島漁業協同組合の吉岡組合長

【協働事業実施者の役割分担】

組織名	役割
里海振興会	全体調整、干潟整備活動（作業者6名）
浦島漁協	地元調整、作業員詰所提供、傭船
山陽建設	土木指導、干潟整備計画策定、現場監督派遣
ラボテック	水産指導、環境調査

は造成から20年を経過すると老衰化してくる」(吉岡さん談)ため、干潟を正確に診断する「主治医」が必要でした。そこで別の事業で知り合った山陽建設に「主治医」になってもらい、協働関係がスタートしました。

企業の果たした役割

　山陽建設は従業員131名、売上高80億円の総合建設業です(2012年7月当時)。環境活動に熱心で、会社周辺や海浜公園の地域清掃活動だけでなく、希少種であるハクセンシオマネキの保護活動も行っています。また里海振興会の会員でもあり、環境学習実施にあたっては、候補地の選定や会場確保、募集案内、当日作業の手伝いなど社会貢献活動にも熱心な企業です。今回の協働事業についても企業である以上採算性を度外視することはできませんが、最初から採算性を考慮したらこの事業に参画することは難しいという認識は抱いており、「ビジネスに加えていくらかの社会貢献という側面もありました。実費程度が賄えればいいと覚悟して始めた事業です」とCSR担当でもある取締役常務営業統括部長の常島裕司さんは語ってくれました。同社は人工干潟の造成経験はあるが再生は初めて行う事業で、どう整備していくかはわかりませんでしたが、里海振興会や浦島漁協、行政と話し合いながら事業を進めて行きました。

　今までの経験からある程度のニーズがあることはわかっていましたが、予算的な裏づけがないと行えない事業です。里海振興会が企画案を作成する能力があったからこそ、成し得た事業でした。「企業からの提案だとどうしても営利目的の我田引水ととられかねないが、漁協なりNPOからの企画提案であれば、行政も動かしやすい。今回の事業もそれらと協働することで実現できたものと思っています」と、取締役常務土木統括部長の平原啓治さんは語っています。

　山陽建設にとっても単なる公共工事のひとつという以上に大きな成果があったようです。NPOと協働で事業に取り組むことは初めてであり、最初は理解できない部分がありましたが、話し合いを重ねて3ヵ月を過ぎた頃から団結力が高まり協働関係がスムーズに機能し始めました。その結果、普段は縁のない分析関係者や学識経験者などの異業種と話をできたことが大きかったようで、漁場の再生というコンセプト

左から、山陽建設の常島さん、平原さん、大下さん

は同社にとっても新しい可能性を見出すことができ、工事終了後には別の干潟での協働が始まるという次の成果を生むことにつながりました。

ラボテックは環境分析・自動分析装置開発を行う従業員57名、売上高5.5億円の企業です(2012年7月当時)。この会社のユニークなところは、企業として2つのNPO法人と協働し、職員の派遣や情報発信で協働するほか、NPO法人日本ケニア協会(理事長はラボテックの大野一之常務)と協働して、フェアトレード商品の輸入・販売も行っています。ラボテックの主体事業である分析を食品にも応用し、フェアトレード商品の成分を考えることで付加価値を見出すという、本業を生かした社会貢献活動も行っています。

ラボテックの山田さん

今回の協働事業では科学的、生物学的評価を担当しました。水産指導を行った山田寛さんはアサリやゴカイなどの底生生物の専門家でもあり、「ただ単に干潟の整地を行うだけなら専門家は不要で、それでは生物多様性を考慮せず画一的工事になってしまいます。ラボテックが参加した意義はそこにあります」と山田さんは語ってくれました。

今回の協働の提案があったときも、「大幅な利益は得られないが、会社のミッションとはかけ離れていない事業であり、ビジネスとして判断して参加しました」(山田さん談)。NPOの活動にも理解があり、「環境分析を中心として、自然環境、生活環境、労働環境が生命にとって優しく豊かになるよう貢献する」という会社理念(ラボテック株式会社クレド)に合致した協働事業でもありました。

ラボテックとしては、従来は工業分析が多く自然分析は少なかったのですが、この協働により若い社員も新しい経験を積むことができ、社会的な役割を果たしただけでなく、新たな事業展開の可能性を見出せた事業となりました。また、山田さん個人としても技術的には興味があり、独自に追跡調査を行っていて、大学などの新しいパートナーを探したいという意向もあるようです。

3) 人工干潟再生事業は日本で初めてです

協働のプロセス

作業員、指導員が一体となって

里海振興会ではこの作業を行う作業員を2011年3月に6名雇用しまし

た。1週間の基礎的な安全教育を実施した後、現場での作業となりました。220日の全体作業計画を組み、毎月進捗を見ながら翌月の作業計画を策定する会議を行います。会議には土木指導者や水産指導者はもとより里海振興会の田坂さんや浦島漁協の組合長である吉岡さんも出席して事業進捗状況の確認や翌月の工程確認とともに、干潟での重機を使った工事であるため安全教育を徹底的に行いました。6名の作業員は年齢や経験にばらつきがありましたが、3ヵ月を過ぎた頃には職員詰所を提供した浦島漁協の職員を含めひとつの組織としてまとまるようになりました。これには現場監督として作業を指導した山陽建設の大下裕文さんのまとめる力が大きく、仕事もやりやすくなったと田坂さんは指摘していました。

　干潟再生事業は山陽建設としては初めてであり、「最初はなかなか全体像も把握できず、潮の引いたときを狙って作業するため時間調整にも苦労した」と大下さんは語ってくれました。

　2012年1月に造成工事は完了しましたが、6名の作業員はその後も休日を利用して人力耕運や調査をボランティアで手伝うなど、今でも交流が続いているようです。

漁獲量は増えています

　さて気になる漁獲量ですが、アサリは産卵から浮遊期、着底期を経て成育するまでに約3年ほど掛かります。作業開始から1年を経た2012年5月に行われた追跡調査では100〜500個体／㎡の生息が確認され、2013年3月の調査でもその数は増え、今のところ順調に推移しているようです。数年後には水産統計で明らかになるはずであり、田坂さんたちの提案に余り乗り気でなかった広島県水産課も、これを契機に動き出したようです（今回は商工労働部事業でした）。我々調査員がヒアリング調査でお邪魔した時に、海老干潟に案内していただきました。その時点ではまだ評価段階ではありますが、手で簡単に掘っただけで多くの稚貝が出てきて、「収穫の時期が楽しみだ」と案内してくれた田坂さんや吉岡さんが異口同音に語ってくれたのが印象的でした。

干潟の調査

夢はアサリのブランド化

　従来浦島漁協の組合員の中には漁業権の関係もあり、「海は漁協の独占物である」という変な意識が芽生えていて、浦島漁協と一般市民との間にはある種の壁ができていました。里海振興会と話し合いを重ねる中で、その考えの誤りに気づき、今では「ある程度地域に開放して使ってもらいたい」と理事会の中でも話し合っています。

　将来的には漁獲高が増え、「浦島のアサリ」としてブランド化することが夢であると吉岡さんは明るく語ってくれました。

4 課題も残されている

縦割り行政の弊害

　国の予算で行われる緊急雇用対策事業であるとは言え、契約期間が1年というのは課題を解決するには余りにも短い気がします。せっかく技術を身につけたのに、6名はばらばらに去っていきました。人工干潟を整備して漁場の再生を図るのであれば、アサリの成育状況を把握するにも最低で3年はかかるのではないかと推測します。この事業は人工干潟の整備が目的ではなく、その結果漁場がどう回復したかを見極めるのが本来のゴールではないでしょうか？そのためにも継続した事業展開が求められますが、里海振興会としては大学を主体とした新たなパートナーとの協働を模索しているようです。

　海に取り組む行政には、経済産業省や文部科学省、国土交通省、環境省、農林水産省に加え各地方自治体もあります。今回里海振興会が担ったような、縦割り行政に横串を入れて多様なセクターを束ねる役割をどこかの行政が主体となって行えば、人工干潟再生による漁業振興につながるのではと考えるのは間違っているでしょうか？

協働の中心にNPOがいた【NPOが実力を発揮】

　この事業は、NPOにとって自分たちのミッションにかなった事業であり、漁協や企業も本業そのものです。「漁協だけですべてをやりきるのは無理で、里海振興会の存在があったからこそできた事業であります」と浦島漁協の吉岡さんが語っているように、その中心となって活動したのが里海振興会でした。また、ラボテックの山田さんによれば、「ニー

ズはあるが資金がないという状況下で、緊急雇用対策という国の事業を持ってきて、採算が取れるようにするということは、企業経営では発想できないこと」でした。今まで見てきたように、企業や漁協にとっても新たな発展の可能性も見出せました。

　パートナーシップ大賞がスタートしてから10年が経ちます。その頃に比べて全国的にもNPOと企業の協働事例も増え、その中身も企業がチャリティで行う事業から、本業を生かして行う協働事業へと進化を遂げつつあります。今回の協働事例は漁協をパートナーとした過去例のなかったユニークな事業でした。またNPOに企画力と実行力があれば、成果を挙げることができることも実証されました。寄付のお願いだけでなく、NPOが真の実力を発揮すれば、企業と協働して社会課題を数多く解決することができるのではと期待を抱かせてくれる事例でした。

（文責：藤野正弘）

※2013年3月の調査では、網で覆った区域では150kgのアサリが出荷可能となるなど、この取り組みの成果が着実に表れています。

■調査協力（肩書きは2012年10月16, 17日現地調査時のもの）
　西田芳浩氏（NPO法人瀬戸内里海振興会副理事長）
　田坂勝氏（NPO法人里海振興会専務理事）
　吉岡照明氏（浦島漁業協同組合代表理事組合長）
　常島裕司氏（山陽建設株式会社取締役常務営業統括部長）
　平原啓治氏（山陽建設株式会社取締役常務土木統括部長）
　大下裕文氏（山陽建設株式会社）
　大野一之氏（ラボテック株式会社常務取締役）
　山田寛氏（ラボテック株式会社新事業開発室室長）

■審査員から
　この事業は、里海とその周辺地域の社会全体に大変大きな影響を与える事業だと思っています。漁協の方が関わった協働事業は、非常にめずらしいということでも注目しておりました。漁業資源の回復に雇用の機会を創られ、若い世代も巻き込んで専門家と一緒になって取り組む。これが里海一帯に拡がり、全国のモデルとなって他の地域へとつながっていくことを期待しております。来年のアサリが楽しみですね。

（奥野信宏　審査委員長　中京大学理事・総合政策学部教授）

case 7

「ご当地グルメ東北6県ROLL復興支援」事業

6つのROLLで
東北復興を目指す事業を担う人々

一般社団法人東の食の会　＋　株式会社イヌイ

　ご当地グルメ東北6県ROLL復興支援事業は、一般社団法人東の食の会が企画した事業です。「食」という視点から、震災を受けた東北の復興を目指しています。東北6県それぞれの新たなご当地グルメを「ROLL＝巻き物」という形でつくり上げる試みです。

　東の食の会は、ビジネスやソーシャルな活動で若くして多くの達成を果たし、事業を発展させている皆さんが発起人となり、東日本大震災を契機に立ち上がりました。ビジネスやメディアに明るい3名の政治家に加え、カフェ・カンパニーの楠本修二郎さん、TABLE FOR TWO Internationalの小暮真久さん、オイシックスの高島宏平さん、四縁の立花貴さん、ETIC.の宮城治男さんたちです。

　これらの発起人からもわかるように、東の食の会はプロフェッショナルな力を用いて震災復興を果たそうとしました。それらの力によって、東日本の食に関わる産業の復興と創造を促進しようとしています。その実現のために、食の分野からの復興に向けた業界横断のプラットフォームをつくり、これらが具体的な経済効果を生み出すための活動を支えています。

楽しく、注目を集める仕掛けとして

　東の食の会の具体的な活動には以下のものがあります。①生産者の背景や商品情報を提供し、販売者である会員企業とのマッチングを行う事業。②東北の地方銀行6行との包括提携。③消費者の理解を高めて販売促進を行うイベントの開催。④専門家の知見を得ながらの自主的放射能検査の拡大支援です。さらに「東の食の復興提言」の発表など政策提言にも力を入れています。

　そうしたなかで、ご当地グルメ東北6県ROLL復興支援事業は、各県

の特徴あるROLLの企画・製造によって東北の生産者を元気づけようとする事業として行われています。東北の産品への消費者の理解を高めることで、販売振興につなげる取り組みのひとつともいえるでしょう。

　ご当地グルメ東北6県ROLLの取り組みは、楽しく、注目を集める仕掛けが用意されています。2012年4月25日に銀座で「東北6県ROLLプロジェクト」キックオフイベントが開催されました。東北6県ROLLのコンセプトが発表され、東北各県の生産者が産品を持参し、招かれたシェフにその魅力をアピールしました。シェフたちが、それぞれROLLのレシピを作成したい県を選び、ドラフト方式で決定する食材ドラフト会議が行われました。イベントには「6県ROLL」（ロッケンロール）に因んで、伝説のロッカー内田裕也さんからのエールがあり、マスメディアからの取材も多数行われました。これも、東北復興への注目を惹くための工夫だということができるでしょう

　ご当地グルメ東北6県ROLL復興支援事業では、青森・岩手・山形・秋田・宮城・福島の各県で多様な取り組みが構想され、進展しています。青森県ではドミニク・コルビ氏をシェフに「リンゴロール Rouleaux de Pomme」が、岩手県は園山真希絵氏による「いわ天ロール」のレシピが示され、宮城県でも栗原友氏が「三陸カジキのラップロール」を発表しています。

プロフェッショナルな力が協働を支える

　今回のパートナーシップ大賞については、そのなかで立ち上がりが早かった山形県での事業を中心に応募されました。山形県ROLLは「だだちゃ豆と紅花のロールケーキ」。ブランド米の「つやひめ」も含め、県の名産品を活用したスイーツです。

　ここにどのようなNPOと企業のパートナーシップがあるでしょうか。企業側のパートナーは株式会社イヌイ（以下、イヌイ）。東京・中目黒にあるスイーツのお店「パティスリーポタジエ」の運営会社です。私も伺いましたが、とても可愛くておしゃれな店でした。お客さんがケースのなかの美味しそうなケーキを楽しそうに選び、従業員の方も笑顔で応対されていたのが印象的です。

　しかし、パティスリーポタジエはただのケーキ屋さんではありません。世界で初めての野菜スイーツ専門店。そのコンセプトと先進性、味、接客に惹かれて、若い女性を中心に多くのお客さんが訪れています。オー

パティスリーポタジエ・オーナーシェフの柿沢さん　　　　山形県ROLL「だだちゃ豆と紅花のロールケーキ」

ナーシェフの柿沢安耶(あや)さんは雑誌などへの掲載も多い著名人です。柿沢安耶さんは、東の食の会が行おうとする東北復興の目的に賛同し、だだちゃ豆と紅花のロールケーキのレシピを考案、作成しました。シェフとしての強い専門性、なかでも野菜を利用するプロフェッショナルの力が生きています。

　また、パティスリーポタジエの運営にあたってはイヌイ代表取締役の柿沢直紀さんの存在がとても重要です。お店のコンセプトメイキング、マネジメントは柿沢直紀さんの力に負っています。イヌイが柿沢直紀さんのもと地域への貢献、農業への貢献を貫きながら経営されていることが、今回の事業での協働につながりました。

　重要な役割を果たすもうひとつの存在が長榮堂です。山形の地元で地域のものを利用して和菓子、洋菓子をつくるお店で、柿沢安耶さんのレシピで実際にロールケーキをつくりました。レシピがあれば柿沢安耶さんの思ったとおりのだだちゃ豆と紅花のロールケーキがつくれるわけではありません。長年、山形という地で菓子をつくり続けてきた長榮堂の専門性が美味しく、意義のあるだだちゃ豆と紅花のロールケーキにつながりました。

　ご当地グルメ東北6県ROLL復興支援事業は4者の協働によって成立しました。東の食の会、イヌイ、長榮堂、山形の農業者の皆さんです。それぞれの専門性が東の食の会が用意した「場」で成果をあげることに結びついたと考えることができます。だだちゃ豆と紅花のロールケーキは震災後、鎮魂と復興を願って開催される東北六魂祭をはじめとして、三井アウトレットパーク木更津、新宿京王百貨店などでお客さんたちに買っていただくことができました。

オープンな協働を的確に管理する

　事業の重要なキーワードに「オープン」があると考えます。だだちゃ豆と紅花のロールケーキをはじめとした各県ROLLのレシピはインターネットで公開されています。有名シェフやパティシエのレシピが公開されている例は多くはありません。情報をオープンにすることで誰でもがだだちゃ豆と紅花のロールケーキをつくることができます。だだちゃ豆も紅花も山形の特産であることを考えれば、このロールケーキを多くの人たちがつくることは、山形の魅力をさまざまな場所で再確認することにつながります。そうした機会をつくりだす事業であることが、東北の復興につながると評価できます。

　一方で、専門家とオープンという組合せには課題があります。知的財産の問題です。レシピを公開することは意義あることとして進めるとして、それを基礎につくった製品が、あたかも柿沢安耶さんの作品であるかのように流布され、他者の懐を潤すということでは本末転倒です。しかしここでも、東の食の会のプロフェッショナルの力が生きます。オープンにだだちゃ豆と紅花のロールケーキをつくってくれることは歓迎する、その一方でそのロールケーキに東北6県ROLLロゴを用いるには許諾が必要となる、柿沢安耶さんの直接監修であるとの表記や柿沢安耶さんの肖像を用いないなどの知財管理を適切に行うことにも意を払い、弁護士や企業法務の担当部署との相談を十分に行ったことは当然でした。

　十分な管理の下に行われるオープンな協働が、楽しい仕掛けとあいまって、多様な広がりを可能にしていると考えられます。

期待と可能性に向けて

　ご当地グルメ東北6県ROLL復興支援事業をパートナーシップ大賞への応募として見たときには、いまだ発展途上の事業であるとの認識もありました。山形県ROLLであるだだちゃ豆と紅花のロールケーキは事業全体としてはあくまで部分的なものです。東北6県、とりわけ多くの被害を受けた岩手県、宮城県、福島県での取り組みが十分に行われ、成果が上がっていることが期待されます。応募及び審査の後、岩手県での「いわ天ロール」、宮城県での「三陸カジキのラップロール」が発表された

東北6県ROLL
トウホク★ロッケンロール
東北6県ROLLロゴ

ことは、事業の着実な発展を示しています。

　特に水産業の被害の大きかった東日本大震災からの復興を考えるなら、三陸のわかめやカジキが利用されたROLLの持つインパクトは大きいはずです。このことは、東の食の会に訪問した際にも、事務局代表の高橋大就さんが強く述べられたことでした。また、東の食の会の重要な活動として継続されている他の事業にもつながることだと考えます。

　また、今後に発表されるだろう福島県ROLLへの期待にも大きいものがあります。福島第一原子力発電所事故は大きな被害をもたらしました。そこで最も厳しい状況に置かれたのは福島県です。相当長期にわたる居住困難な地域の存在、風評被害を含め農水産物が売れない状況、価格が低迷したままの現実、これらを"ROLL"BACKさせる、反転させるきっかけのひとつとするためにも福島県ROLLに期待したいと考えます。

　NPOと企業のパートナーシップにおいて重要なことに、相互補完の意識があると考えます。NPO、企業のどちらかが一方的に支援を受ける、受けていると考えるのではなく、それぞれが自らの弱みを十分に意識し、その部分をパートナーの強みによって補完する、そのことで協働事業の目的を達成していると意識することが求められます。それによって個々では困難な課題の克服につながり、社会的に意義のある実現が可能となります。

　東の食の会は、自らが東北復興につながる魅力あるレシピを創造することに秀でているとは考えなかったはずです。だからこそ高い専門性によって補完するために、実力があり、社会的意識を持ち、著名なシェフ、パティシエの皆さんを招いたのです。

　それでは、東の食の会は、シェフ、パティシエの皆さん、あるいはその人たちを支える企業の何を補完しようと考えていたのでしょうか。NPOがもつ十分な課題解決の意識がシェフ、パティシエの皆さんの復興支援に対する意欲を支援し、さらに育むことにつながると考えます。

　いまだ緒についたばかりの震災からの復興に向けて、重要な事業がここでもおこなわれています。

（文責：河井孝仁）

■調査協力 (2012年10月11日現地調査)
　高橋大就氏（一般社団法人東の食の会事務局代表）
　柿沢直紀氏（株式会社イヌイ代表取締役）

case 8

「ラブタカタラブジャパンプロジェクト」事業

日本初の事業「キーポスト」を通じて陸前高田市に継続的な寄付を

一般社団法人 SAVE TAKATA ＋ ジャパンリカバリー株式会社

「キーポストサービス」は、これまで日本にはなかった事業です。ジャパンリカバリー株式会社がサービスの購入者にシリアルナンバーつきのタグを提供します。そのタグをつけた鍵を紛失した場合、それを拾った発見者からジャパンリカバリーが連絡を受けたら、登録された情報をもとにタグをつけた鍵を落とし主に返却するというものです。陸前高田の復興を支援するため震災当日に立ち上がった一般社団法人SAVE TAKATAとジャパンリカバリーが出会ったことで、この購入代金の25％が、陸前高田市への復興支援の寄付となり、購入者に対して復興の様子などのレポートが毎月届けられる「ラブタカタラブジャパンプロジェクト」がスタートしました。

キーポストタグはLove Takata Love Japan Projectのロゴが入ったしゃれたデザインのもので、毎日持ち歩くことでいつも陸前高田や震災復興に思いを馳せることができます。

Love Takata Love Japan Project シリアルタグ

出会いは

2011年3月11日、震災当日の夜、「NPOについては何も知らなかったし経験もなかった」というSAVE TAKATA現代表理事の佐々木信秋さん等、陸前高田市出身の幼馴染4人が東京で集まり、安否確認と救援物資を届けるためにチームを組んで現地に行こうと話し合っていました。その話し合いの中で、SAVE TAKATAは任意団体として結成されまし

た。当時、佐々木さんは、新しくやりたかったweb事業の準備の真っ最中で、いよいよ明日からスタートという時に震災があり、それを封印して支援に専念することになったのです。仲間はすぐに10名くらいに増えて、1班は現地で避難所支援、もう1班は東京にとどまり、webで現地情報をひたすら出し続けるところから始まりました。その後、関係者が多くなったことで組織化の必要性から、「迅速に設立できて収益事業がやりやすい」（佐々木さん）一般社団法人を設立。東京と陸前高田に事務所を持ち、支援企業や団体・個人の活動を現地でコーディネートする活動、チャリティ活動・各種イベント事業の企画実施、国内外支援組織との連携など幅広く活動を行っている若者中心の団体です。1回限りの寄付で終わってしまうチャリティが多く、それでは長続きがしないので、継続性のあるチャリティの仕組みができないかと模索していました。

　ジャパンリカバリーは、「3〜4年前から、ただ金儲けをするのではなく、コミュニティを再生するといった社会性の高いビジネスをしたいという思いを持っていました」という岡田聡さん（現社長）が、「キーポストサービス」を事業化するために、2011年9月に設立した会社です。シンガポール留学時代のクリスチャンのネットワークにより、シンガポールに本社のあるキーポスト事業の日本での代理店を任されることになったものです。岡田さんは、「誰かが落し物を拾い届けてくれるという親切な行為や、事故や災害時に、生命を守るために協力し合うことが、失われつつある日本社会の絆や信頼の回復につながることを信じます」と、キーポストが社会性のある事業だと確信していました。しかし、事業を企画していた段階で震災があり、現地でボランティアをする中で、さらに震災支援の付加価値がつけられないかと模索をしていました。

　この佐々木さんと岡田さんの2人が出会ったのは、2011年10月。陸前高田でボランティアをしていた元ゴスペルシンガーの松本玄太さんが、クリスチャン仲間の岡田さんを佐々木さんに紹介しました。「震災支援のチャリティは沢山できているけど、1回限りで継続できていないことに支援の限界を感じていた」という佐々木さんが岡田さんに、「キーポストで寄付ってできませんか？」というところから話が弾みました。2人はブレストを重ね、半年後の2012年4月に、継続的につながり続ける仕組みの「ラブタカタラブジャパンプロジェクト事業」がスタートしたのです。

協働事業の概要

　ラブタカタラブジャパンプロジェクトのキーポストタグを3200円で購入すると、前述した紛失した鍵の「返却サービス」のほかに、災害や事故に遭った時に、入会時に登録した血液型、アレルギー情報、緊急連絡先などを、消防や医療機関などに提供する「災害時対応サービス」が受けられます。また、800円分は災害復興のため陸前高田市に寄付され、毎月１回、「Love Takata Letter」により復興の様子などが購入者に送られます。

　キーポストタグの販売と、返却サービス、災害時対応サービスはジャパンリカバリー社が行い、陸前高田市との寄付などに関する合意形成はSAVE TAKATAが行います。また、レターの作成は、学生により運営されている地域支援団体ARCHが行っています。ARCHの代表の佐藤柊平さんは、毎月のプロジェクト会議にも佐々木さん、岡田さんとともに参加しており、重要なパートナーとなっています。佐々木さんや岡田さんには、若者に復興支援に関わってほしい、若者の被災地からの流出を何とか食い止めたいという思いがあり、岩手県出身の学生が中心となり岩手県の復興と地域活性化に取り組むARCHと早い段階から手を組んできたとのことです。

　なお、プロジェクトの実施に当たり、両者は「Love Takata Love Japan Projectに関する契約」を結んでいます。この契約では、プロジェ

オープニングセレモニーのSAVE TAKATA佐々木さん（左から３番目）とジャパンリカバリー岡田さん（左から２番目）、陸前高田・鳥羽市長（右端）

クトが将来発展した際には法人化を図ることを展望して、両者の役割を決めるだけではなく、プロジェクト事務局の設置と役割、理事会の設置なども盛り込んでいます。さらに、陸前高田にはプロジェクトの事務所を持ち、佐々木さんと岡田さんを引き合わせた松本さんが、いまはこの事務局に常駐し、岩手県におけるキーポストの普及、広報などのプロジェクトの活動を担っています。また、プロジェクトとしての独立したホームページを持ち、情報発信が行われています。

陸前高田市への寄付は年4回、3カ月分をまとめて行っており、寄付金の使途についてはSAVE TAKATAとジャパンリカバリーが市と協議して決めています。最初の寄付は「奇跡の一本松保存募金」に、現在は、市が運営している「子ども向け基金」に寄付しています。

協働事業の目標と課題

プロジェクトのスタートに当たり、両者で決めた目標は、「4年後には年間参加者数5万人、そのために2012年度中に1万人」というものです。陸前高田市の人口が2万人弱、その2倍以上の人のつながりができればということ、そして5万人が800円の寄付を行えば寄付金は年間4000万円、そのくらいあればコミュニティスペースを建てることもできる金額になるということだそうです。

しかし、ヒアリングを実施した2012年9月の時点では約800人と伸び悩んでいます。個人の会員だけでは限度があるので、企業会員を開拓し始めています。企業がその社員に呼び掛ける、企業が顧客サービスとして商品に付帯したりする（たとえば賃貸業の会社が契約した顧客に鍵を渡す際にキーポストタグをつける）といったことにより、会員を増やそうというものです。実現すれば目標に近づいていくのかもしれませんが、まだ取り組み段階です。

一方で、スタートして1年足らずの間に、災害時対応サービスの内容が2回にわたり大きく変更されています。当初、毎年3200円を支払い、そのうち800円が寄付に回るというものでした。2012年10月に、毎年の更新時には更新料は無料、寄付を希望する場合だけ毎年寄付金と事務経費として1500円を支払うと変更になりました。さらに2013年5月には、一旦は無料となった更新料を、3年ごとに3200円支払い、その中から800円を寄付するということになっています。会員向けにARCHが作成していた「Love Takata Letter」は、SAVE TAKATAが発行するメル

マガに統合されました。ARCHとSAVE TAKATAとの関わりはこの事業では弱くなりましたが、陸前高田若興人祭（陸前高田と近隣市町村出身の学生がつくるお祭り）などSAVE TAKATAの別のプロジェクトでは新たな協働があるとのことです。

　こうした変更は、思うように伸びていない会員数に合わせたもので、財政面などからやむを得ない面がありますが、当初の事業計画や目標の立て方、マーケティングや広報などに甘さがなかったかなど課題を残していると言えるでしょう。ジャパンリカバリーは、新たに法人向けに、スマホ、携帯電話、タブレットに貼るだけで落し物が返ってくる紛失時対応サービス「リカバリーラベル」を売り出すなど、事業の幅を広げ始めています。事業規模の拡大に合わせて、Love Takata Love Japan Projectも新たな発展が期待されます。　　　　　（文責：杉田 教夫）

■調査協力（2012年9月25日現地調査）
　佐々木信秋氏（一般社団法人SAVE TAKATA代表理事）
　岡田聡氏（ジャパンリカバリー株式会社代表取締役社長）

case 9

「TABLE FOR TWO」事業

互いの強みを活かし食の課題を解決

NPO法人
TABLE FOR TWO International ＋ オイシックス株式会社

　世界の約70億人の人口のうち、10億人が飢えに喘ぐ一方で、10億人が肥満など食に起因する生活習慣病に苦しんでいるといった、世界の食の不均衡を解消することを目的に、特定非営利活動法人TABLE FOR TWO International（以下、TFT）の活動は、2007年の秋に日本で開始されました。

　先進国でのヘルシーメニュー提供や啓発活動等のプログラム実施で得た寄付を通じて、開発途上国への学校給食支援を中核に、開発途上国の飢餓と先進国の肥満や生活習慣病の解消に同時に取り組む、日本発の社会貢献運動です。

　2012年までの約5年間で、TFTの行う活動（以下、TFTプログラム）への参加企業や官公庁、大学病院などの日本国内での協力組織数は500を突破しています。参加組織の食堂で、TFTの提唱するガイドラインに基づいて作成したヘルシーメニューを提供すると、1食に付き20円がTFTに寄付されます。寄付金はアフリカのウガンダ、ルワンダ、エチオピア、タンザニア、ケニア、アジアのミャンマーへと届けられます。この食堂から始まったプログラムは、一般の方が利用できるカフェへ、そしてネットスーパーやコンビニの食品へ、次々と広がっていきました。その一端を担った企業がオイシックス株式会社（以下、オイシックス）です。

　オイシックスは、インターネットを通じて、有機野菜などの安全に配慮した食材や食品の販売を手掛けている企業です。2008年、TFTの仕組みに出会ったオイシックスは、少しでも多くの市民にTFTの活動を知ってもらうよう、自社の顧客にその仕組みの紹介を開始しました。同年8月にはオイシックスで、TFTメニューのガイドライン※に沿った初の認定一般食品を開発し、販売を開始しました。それまで、社員食堂の利用者に限られていた対象者が、一般消費者へ広がる第1歩を踏み出したのです。

※ TFTメニューのガイドライン
　①1食あたり約730kcal (680〜800kcal) 以下の食事全体、または1食あたり約730kcal (680〜800kcal) 以下を継続的に続けることをサポートする食事の一部であること。
　②素材を活かした原料を主原料としており、継続的な健康維持に寄与することができること。

社内のクラブ活動的なTFTとのマッチング活動

　オイシックスでは「社内プロジェクト活動」を実施しています。社内プロジェクトとは、新しい提案や社内の業務改善などの目的で、従業員が進めている業務外活動で、プロジェクトを組むメンバーは、本来の業務と兼務して活動しています。各プロジェクトでは運営のために予算を獲得しないといけない仕組みになっており、自分が所属するプロジェクト活動がどのように会社に貢献していくかという視点を持ち、本来業務に落とし込むことが必要になります。また、普段の仕事と違うフィールドで、問題解決能力を求められ、社員の多面的な才能を発揮できる場でもあります。

　今回の「TFTプロジェクト」はその社内プロジェクト活動のひとつです。お話を伺った松岡英花さんは広報室のスタッフですが、本来の職務では行っていないプログラムの発案や企画など、積極的に関わっています。

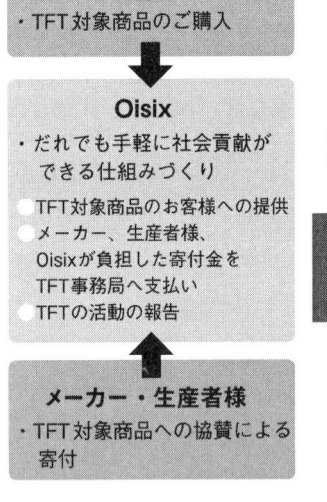

お客様
・TFT対象商品のご購入

Oisix
・だれでも手軽に社会貢献ができる仕組みづくり
○TFT対象商品のお客様への提供
○メーカー、生産者様、Oisixが負担した寄付金をTFT事務局へ支払い
○TFTの活動の報告

メーカー・生産者様
・TFT対象商品への協賛による寄付

TFT対象商品の売り上げの **3%**

TABLE FOR TWO

開発途上国のこどもたち
・給食が食べれるようになる。
・給食支給の効果による、学校へ通う子ども達の増加、教育水準のアップ

本プロジェクトでまず手がけたことは、TFTプログラムの寄付の仕組みに一般家庭の皆さまが気軽に参加できる仕組みづくりでした。TFT認定商品の販売を通じて、「お客様にヘルシーな生活をしていただきながら手軽に無理なく社会貢献できる環境をつくっていきたい」と考えたのです。オイシックスが販売する商品にTFTメニューガイドラインに沿ったヘルシーメニューを導入し、TFT対象商品の売上の3％を寄付として設定しました。社会貢献やボランティア活動に興味はありながら、時間等の制約で一歩前に踏み出せなかった市民の行動を変える画期的な取り組みでした。また、開発商品のひとつ、寄付つきベーグルは、寄付なしベーグルよりも1個あたり20円高く定価が設定されているにもかかわらず、受注件数は14％も多く販売実績が上がり、ここでも寄付へのハードルを低くする効果が現れています。

TFTプログラムの拡がりをサポート

　TFTプログラムの主軸は食堂やレストランでのヘルシーメニューの提供ですが、最近では、コンビニエンスストアなどで販売している食品や、自動販売機の飲料、披露宴のメニューなど、活動の拡がりが顕著になってきました。中でも、オイシックスとの共同開発食材は、寄付つきおせちやハロウィン、ひな祭りなどの季節感を大切にした商品をはじめ、宅配を通じて一般家庭へ波及しています。

相互のチカラを相互の成果へ

　毎年10月16日の世界食料デーの前後には国際機関やNGOが協力してさまざまなイベントが行われます。TFTではそれを記念したキャンペーン期間中に、日本でヘルシーメニュー100万食、すなわちアフリカの小学校に届ける給食100万食を目指し、「100万人のいただきます！」キャンペーンを主催しています。2011年度、オイシックスではタイアップ企画として、TFTヘルシー献立セットの販売をしました。1セットあたり給食5食分の寄付となり、2012年5月にはプロジェクト発足より、累計で100万食分の寄付を突破しました。

　一方、TFTプロジェクトでは、TFTが持つ「食の不均等の解消」という長期の目的達成だけではなく、短期的な目標も立てました。給食そのものだけではなく、オイシックスのTFT対象商品の販売による寄付を元に「給食室をつくろう！」プロジェクトを2011年7月に開始したのです。

TFTは2010年9月より、ルワンダのバンダ村で給食プログラム支援を開始しました。当初は小さな給食室しかなく、約350名の幼稚園児だけにしか給食を提供できませんでした。村の中には2校の小学校がありましたが、小学生には給食を提供できていなかったのです。そこで、大きな給食室を建設し、小学生にも給食を届けていくプロジェクトが生まれたのです。

　開始直後から予想をはるかに上回るスピードで寄付が集まり、2012年8月には、バンダ村に新たな給食室を建設しました。この給食室のお陰で、約1900名の小学生にも給食を提供することができるようになりました。給食運営は地域住民に任せられ、村のコミュニティーが一体となった給食運営の仕組みが動き始めています。バンダ村では、ほぼすべての住民が零細農業を営んでおり、余剰作物をマーケットに売ることでわずかな現金収入を得ています。TFTの給食プログラムを通じて準備・調理・配膳・片付けという日々の運営に地元の人を雇用することで、貴重な現金収入の機会提供にもつながりました。また、小規模農家が大部分である各家庭では、多品目の作物を必要量生産するのは難しい状況にあります。そのような環境の中、子どもたちが学校に通うことで、美味しく健康的な食事をする機会が生まれました。小学校での給食が始まった後、一度は学校をやめてしまった子どもが戻ってくるなど、就学率も高まっています。

　2013年3月からはケニアのルシンガ島に給食室を建設するための活動をスタートさせました。オイシックスがTFTと出会ったからこそできた企画といえます。

　オイシックスの安全な食材を調達するといった会社の理念と、TFTの食にまつわる日本発の社会貢献活動がコラボし、消費者が世界的な課題を身近に感じられるような寄付の仕組みを創ったことは画期的なことです。寄付額も増加しており、本プロジェクトを進めることで、企業とNPOはともに顧客の幅が拡がるなど、組織の成長もうかがえる点は高く評価することができ、今後の活動に期待が持てます。

建設中のルワンダ・バンダ村の給食室

今後に向けて

　本プロジェクトは、同じ「食の改善」というキーワードを持つ企業とNPOの、目指すものや取り組み方、進め方といった、それぞれの違いを活かしたプロジェクトになっており、双方の関係も契約書を介在した上で、紳士的且つ親密的に実施されています。双方が課題として捉えている食の課題は、全世界に広がっており、このような取り組みはますますニーズの高まりを見せています。

目の前に緑が広がる事務所でのヒアリング。TFTの安東さん

　TFTの活動も多種多様の事業体との協働が進められています。最近では講演会開催や本の出版、ブログやSNSを活用したキャンペーンなど、活動の理念や問題意識の啓発活動へと拡大しています。

真剣に取り組みを語るオイシックスの松岡さん

　お話を伺ったTFT事務局長の安東迪子さんは、とても楽しげにオイシックスとの取り組みを語っていました。「パートナーとしての今後の継続は？」の問いに、「なんといってもゴールデンサポーター（サポーター企業の中から選ばれた20社に進呈）ですから、これからもますますご一緒の活動は増えますよ。親子向けの食育企画なども是非ご一緒したいです」と力強いお答えが返ってきました。

　オイシックスのTFTプログラムは、当初掲げた「お客さまにTABLE FOR TWO活動を知ってもらいたい」という目的達成のため、現在も「アフリカの子どもたちの笑顔を増やすには、どんな活動をしたらよい？」といったプログラム開発に日々試行錯誤しながら活動をしています。オイシックスの寄付給食累計は1年で50万食を超える勢いで伸びており、「給食室をつくろうプロジェクト」第2弾も始まりました。「TFTに出会えたことで、無理なく続けられる社会貢献活動をお客様に紹介できることは幸せです」と語る広報室の松岡英花さんの真剣なまなざしが印象的でした。

　協働事業に求められる要素は多々ありますが、何よりも「相性」という要素が重要なのではないかと感じたプロジェクトの取材でした。

（文責：手塚明美）

■取材協力（2012年10月3日現地調査）
松岡英花氏（オイシックス株式会社広報室）
安東迪子氏（NPO法人TABLE FOR TWO International事務局長）

case 10

「ラベンダーグローブで小児がん患児支援」事業

寄付がつなぐ、「日本で初めての小児がん専門施設」完成への夢

NPO法人
チャイルド・ケモ・ハウス
＋
キンバリークラーク・
ヘルスケア・インク

　NPO法人チャイルド・ケモ・ハウス（以下、チャイルド・ケモ・ハウス）は、「がんになっても笑顔で育つ！」をスローガンに、闘病中の小児がんの患児やその家族のQOL向上を目的に活動してきました。そして2013年、小児がんの患児が安心して治療が受けられ家族とともに闘病できる、日本初の小児がん専門の治療施設の建設に漕ぎつけました。この「夢の病院」の建設費を支援するために、キンバリークラーク・ヘルスケア・インク（以下、キンバリークラーク）は、主力商品であるラベンダー検査検診用ニトリルグローブ（＊ラベンダー色の検査用合成ゴム手袋・以下、ラベンダーグローブ）を寄付つき商品として販売し、売り上げの一部を寄付するというCRM（コーズ・リレイティッド・マーケティング）型の協働事業を展開しました。このキンバリークラークが全社一丸となり広報支援をおこなったことは、チャリティ型協働の参考になる事例です。

日本初！　小児がん専門治療施設『チャイルド・ケモ・ハウス』

　わが子が、がんになってしまったら…。闘病する子ども本人はもちろん、家族全員が多くの困難を抱えます。病室ではわずか2坪足らずのスペースに生活用品やお気に入りのおもちゃを隙間なく並べ、カーテン越しの他の患児を気遣う生活です。小児がん患児とその家族が望んでいたのは、「泣きたい時には大きな声で泣ける部屋」「兄弟と思いっきり遊べる空間」そんな当たり前のことができる治療施設です。

　今回完成したこの治療施設は、医療スペースであるクリニックの隣に居住スペースとなる「家」が併設され、各部屋には個別の玄関を備え、他の患児との接触が避けられるため、毎日でも入院中の兄弟と会うことができます。まるで自分の家のような環境で家族が共に暮らしながら安心して化学療法（抗がん剤治療）を受けることができます。風呂やキッ

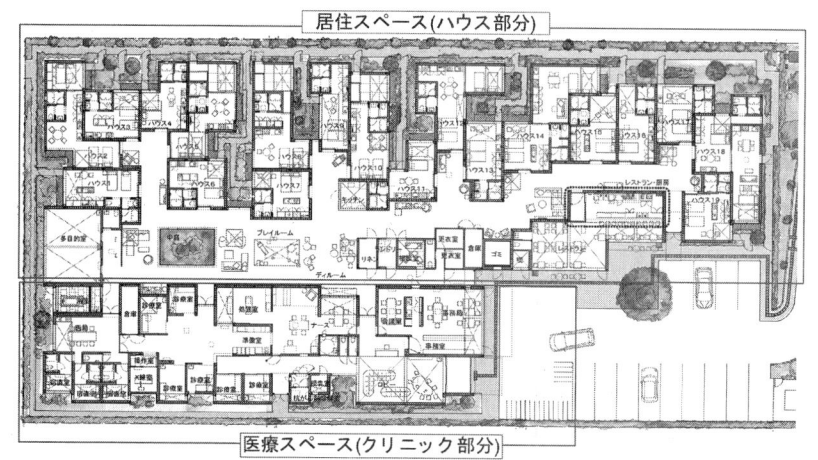

「チャイルド・ケモ・ハウス」平面図

チンなども設け、家で生活するような感覚で治療を受けられる空間は、小児がん患児だけでなく闘病を支える家族、またその光景を目の当たりにしている医療関係者の夢でもあったのではないでしょうか。

ラベンダーグローブ

"クリネックス"、"スコット"、"ハギーズ"など、生活必需品の世界的なブランドで知られるキンバリークラークは、テキサス州ダラスに本社を置き、社員数5万7000人を有するグローバル企業です。商品は世界150ヵ国以上で販売されており、毎日13億人もの人々に利用されて80ヵ国以上でナンバー1あるいはナンバー2のマーケットシェアを持っています。日本支社ができたのは約20年前。感染管理・医療安全を中心とした各種製品の製造販売が主で、ヘルスケア用品を取り扱っており、日本でのシェアは約10%となっています。

本事業で寄付つき商品として用いられたラベンダーグローブは、検診や採血等の医療現場などで用いられる使い捨て手袋です。ニトリルは合成ゴムを意味し、アレルギーの原因となるラテックス(天然ゴム)たんぱく質を一切含んでいません。そのためラテックスアレルギー対策の代替手袋として急速に利用が増え、年々シェアを拡大しています。

協働のプロセス

世界各国で熱心にCSRに取り組んでいるキンバリークラークでしたが、

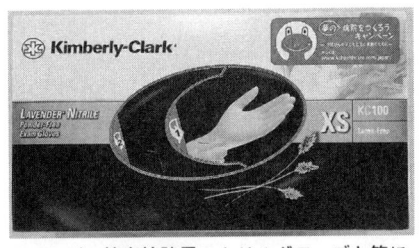

ラベンダー検査検診用ニトリルグローブと箱に貼られる「チャイケロ」シール

これまで日本支社ではCSRの活動実績がありませんでした。いつかは日本独自の活動がしたいと考え、日本支社ではヘルスケア用品を主に扱うことから、協働できる医療系のNPOを探して情報収集をしていました。

本事業の発端は、キンバリークラークが、チャイルド・ケモ・ハウスが運営する「夢の病院プロジェクト」のwebサイトを見つけ、そのコンセプトに共感し、企業として支援したいとNPOに提案したことにあります。NPO側の日頃からの積極的な情報発信が功を奏した結果といえます。

支援ツールとしてラベンダーグローブを寄付つき商品とした理由は、検査用グローブの日本シェアが増加してきたことにあります。シェアの拡大をきっかけに寄付つき商品とすることで、さらに付加価値をつけ、ナショナルブランドとして成長させたいとの思いもあり、支援ツールとするよう社内手続きを進めていきました。提案からわずか半年あまりで、「あなたが使う検査用ラベンダーグローブで小児がんの子どもを助ける『夢の病院をつくろうプロジェクト』」と題したタイアップキャンペーンを実現しました。

寄付を募るための多様な仕掛け

「チャイルド・ケモ・ハウス」建設の実現に向けて、キンバリークラークは主力商品であるラベンダーグローブを、年間17万ケース（1ケース…250枚×10箱）以上を販売できた場合500万円を寄付するプログラムをつくりました。キンバリークラークは寄付目標金額を達成するため、ラベンダーグローブを全社拡販製品と位置づけ販売を強化しました。

また、チャイルド・ケモ・ハウスの認知度向上のために次の8つの取り組みを行いました。この多彩な活動も本事業の特徴といえます。
①キンバリーグループ5万7000人が見る社内報に、団体の活動状況や寄付によるサポート状況を情報発信。
②日本環境感染学会で、自社展示ブース内に団体の紹介コーナーを設置。
③医療系情報誌（月間1万2000部発刊）への複数回の広告出稿で団体を紹介。
④出荷する商品の箱に団体キャラクターの「チャイケロ」のシールを貼

り、全国で2000を超える医療機関に販売。
⑤2012年の年賀状宛名面に団体の活動概要を記し発送。
⑥月間約4500アクセスがあるホームページのトップページには、団体のリンクを貼り、通算1年半以上掲示。
⑦キンバリークラーク日本支社の事務所の入り口に団体の活動紹介パネルを展示。
⑧年に一度の全国大手医療機器販売店会議で団体前事務局長が講演。全国営業会議でも、前理事長が「夢の病院プロジェクト」の実現に向けた取り組みを講演。

　以上のように、キンバリークラーク社員の本事業に対するモチベーションを高める工夫が定期的になされています。

協働によるNPO側のメリット

　「キンバリークラークから本事業の打診を受けた時、寄付額の大きさと綿密に計画された戦略にとても驚きました。企業の強みを活かした支援の方法を実施してくださっていると思います」とチャイルド・ケモ・ハウス事務局長の田村亜紀子さんは話します。これまでつながりがなかった医療機関にも、ラベンダーグローブを通じて、団体の存在や、建設を目指す小児がん専門施設の周知が図られました。また、商品を通じて地域、社会への小児がん啓発に向けて、医療従事者の目に留まる頻度があがったことに、本事業が大いに寄与しているといえます。

協働による企業側のメリット

　本事業は、日本で販売している製品を通じて、日本人社員が一丸となって日本の地域社会に貢献するはじめての試みとなりました。

　これらの活動を通じて、医療関係者の皆さんから寄せられる声や感想の多くは、「大変共感できる。事務局の方たちの思いには当然及ばないが、何かできることがあれば応援したい」という前向きなものばかりです。医療従事者にとって、身近な商品であるラベンダーグローブの販売を通して展開される小児がん患児支援への広報活動は、大いに共感を得ているといえます。

協働につながるCRM（コーズ・リレイティッド・マーケティング）

　今回は企業のマーケティング力によって、扱う課題を広く社会に通知

する効果を得ることができました。その寄付つき商品を購入する消費者にとっては、商品・サービスを通して社会課題に触れることができ、間接的に支援することが可能となります。またNPOにとっては有効な資金調達の手段になります。

「チャイルド・ケモ・ハウス」の前で、笑顔があふれる

　本事業においては「医療」が鍵となり、企業とNPOのミッションの合致が消費者の寄付への共感を生み、支持を高められたことが、CRM型の協働を成功させる要因になったと考えられます。さらに、キンバリークラークの社内連携がスムーズである点も特徴といえます。大島さんは、社内決裁をとるために、日本語版、英語版のプレゼンテーションツールを作成し、社内コンセンサスを得たそうです。しっかりと結ばれたパートナーシップの裏側には、企業側の担当者の熱意が欠かせません。社内での販売部門との連携をはじめ、代理店への働きかけなど、キンバリークラークとしてでき得るかぎりの資源を活かし、チャイルド・ケモ・ハウスの夢の病院実現へ道のりを積極的に応援したことで、NPOを支える仕組みができ上ったのです。

　チャイルド・ケモ・ハウスの田村さんたちが、7年かけて小児がん患児や医療関係者との相談を重ね、練りに練って実現したこの施設は、公益財団法人チャイルド・ケモ・サポート基金※が土地を神戸市より借りうけ、2013年2月末にポートアイランドに完成しました。　（文責：小林有見子）

※公益財団法人チャイルド・ケモ・サポート基金は、NPO法人チャイルド・ケモ・ハウスが2010年一般財団法人として設立。2011年に公益財団法人格取得をした団体。

■調査協力（2012年10月15,18日現地調査）
田村亜紀子氏（NPO法人チャイルド・ケモ・ハウス事務局長）
岸田志紀氏（NPO法人チャイルド・ケモ・ハウス事務局スタッフ）
大島由之氏（キンバリークラークサージカル＆インフェクションプリベンション事業部マーケティング本部長）
小野哲哉氏（キンバリークラークサージカル＆インフェクションプリベンション事業部プロダクトマネジャー）

第Ⅱ部

企業とNPO
～協働推進15年の歴史～

第Ⅱ部

企業とNPO〜協働推進15年の歴史〜
「パートナーシップ大賞」を中心に

代表理事　岸田眞代

　2013年7月17日、パートナーシップ・サポートセンターは設立15周年を迎えました。

　これまでのパートナーシップ・サポートセンターの歴史を振り返るにあたって、ちょうど中部経済新聞の連載時期と重なったこともあり掲載および予定記事をベースに一部加除修正しながら以下まとめたものです。(2013年9月6日より「企業とNPO 企業が伸びる 地域が活きる」のタイトルで毎週金曜日連載中〜2014年3月末までの予定。リアルタイムな情報部分についてはカットしました)

1　パートナーシップ・サポートセンター (PSC) 15年の歩み

　パートナーシップ・サポートセンター（以降、PSCと表記）は、愛知県におけるNPOの草分け的な中間支援団体の1つです。中間支援〜一般的に言えば、AとBの中間で、AにもBにもプラスになるよう支援していくということではありますが、それはさておき私たちPSCは、その中間支援の役割の1つとして、「NPOと企業の協働」を推進することをミッションとし、NPO法（正式には特定非営利活動促進法）ができたのとちょうど同じ1998年に誕生しました。法律より5ヵ月ほど先輩になります。

　そして「NPOと企業の協働」を、日本ではじめてミッションとして掲げたのが、私たちPSCだったことから、名古屋発の『パートナーシップ大賞』というNPOと企業の協働を表彰する事業を起ち上げたのが2002年でした。

　NPOと企業の協働事業の具体例は別途ご紹介するとして、「NPOと企業の協働」は、自分たち単独では

設立総会

できないことを、互いに協力して社会の課題を解決したり、あるいは事業として展開することで、NPOの成長や地域の発展、活性化につながったり、会社に利益（メリット）をもたらしたりします。

NPOと企業、この両者の協働によって、NPOはもちろん、企業にとっても大いにプラスになる事業、そればかりか地域や社会にとってもプラスになる、とは一体何か。どうすればそれが可能なのか。

これまで300件近い「NPOと企業の協働事業」を集約し、しかも全国の優れた事業を現地調査し表彰しているPSCが、これまでの15年の活動の中で構築してきた「企業とNPOの協働」に関する理論やノウハウを中心に、さまざまな角度から振り返ってみようと思います。

2 リーダー研修と「ガラスの天井」
〜女性が能力を発揮できる社会は…

「企業とNPOの関係」というとき、みなさんは何を思い浮かべるでしょうか？

1996年に、名古屋で初めて（おそらく全国でも初めて）「企業とNPOのパートナーシップ講座」を開いた時、ある大手企業の総務課長さんが、「なんで寄付をしている企業が、寄付を受けるNPO（市民団体）と対等にならなきゃいけないんだ」と真顔でおっしゃったのを、昨日のことのように鮮明に思い出します。

ちょうど20年前（1993年）、はじめて私が「NPO」に出合った時、私は企業の研修講師を本業としていました。自ら作成した「リーダーに求められる要件」（200問チェック）をもとに、オリジナルの「リーダー研修」を開発。それをプログラム化し、日本の草分けと言われる社会人研修専門企業（厳密には学校法人）のオーディションを受け、研修講師になって4年ほど経っていました。

当時「リピート率の高い講師」と言われ、企業や行政等でたくさんの研修を行っていました。もちろん、手掛ける研修は必ずしもオリジナルの「リーダー研修」ばかりではなく、ビジネスマインドやマナー、コミュニケーション、営業、階層別研修等々、求められるままに研修範囲を広げていました。

ですが、やはり「リーダー研修」には特別の想いをもっていました。研修で実施する「200問チェック」は、自己の強み弱みが明確になり、「占

いより当たっている」とよく言われたものでした。もちろん、チェックしたうえで、それぞれが「自分らしいリーダー像」を描くことを目指していました。

　研修を重ねてはっきりと見えてきたのは、リーダーになる資質に、男性と女性の差はまったくないということでした。データをとってみると、それはそれはみごとに証明できるものとなりました。

　ところが、残念なことに、日本の企業内では当時（まだ今も？）圧倒的にリーダーとなるのは男性であって、女性はいくら能力があってもリーダーになっていく道は極めて狭いものでしかありませんでした。

　私が「リーダー研修」をするたび、女性たちから返ってくる声は、「この研修を自分の上司に受けてもらいたい」ということでした。それだけ企業内での女性たちは息苦しいもので、必ずしも能力を発揮できる組織にはなっていなかったのです。まさに「ガラスの天井」です。

　当時、「女性の能力開発を応援する」と銘打って有限会社を立ち上げていたこともあって、自分の使命として、これは何とかしなければ、という想いがずっと頭の隅にありました。

　そんな時たまたま出合った「NPO」。まだほとんどの人がNPOという言葉すら聞いたことのない時代でした。「これだ！」とピンときた私は、ちょうど東京の団体で企画されていたアメリカのNPO視察に急遽加えてもらい、サンフランシスコなどアメリカ西海岸のNPOを見て回りました。

　しかしこの時は、NPO（アメリカでは「NPO」ではなく、「NGO」と表現されていた）というものが社会のすみずみで厳然と影響力を持つアメリカ社会と、日本社会の差に衝撃を受けるばかりでした。日本が同じような社会になるには何年かかるだろう、早くて5年、10年はかかるだろうという、気の遠くなるような時代でした。

　それから3年後（1996年）、自ら「NPOと企業のパートナーシップ・スタディツアー」を計画したのです。

3　「NPO」社会への扉が開く
～NPOとの協働で閉塞打破を

　最初のアメリカ視察（1993年）では、社会になくてはならないNPOという存在意義の大きさを、たっぷり味わって帰ってきました。すぐに中日新聞に、アメリカのNPOについて書かせていただきました。この地

中日新聞アメリカ視察記事

域の新聞に「NPO」という文字が躍った最初だったと思います。

　NPOへの期待感を膨らませつつ、日本社会での実現には気の遠くなるようなあてのない想いだけをもっていたのですが、それだけでは何ともなりません。そこで、NPOのことをみんなに知ってもらおうと、1994年には名古屋で初の「NPOセミナー」なるものを、自ら主催。当時の友人たちの協力を得ながら、3〜4回開催しました。ともかくアメリカのNPO（NGO）の方をお呼びし、直接その活動や役割についてのお話を聞いたのです。毎回10〜20人くらいは集まったでしょうか。それが、この地域での「NPOデビュー」でした。

　そして1995年1月、「阪神淡路大震災」が起き（義姉夫婦も被災者）、ボランティアがクローズアップされることになり、市民活動にも社会からの関心が注がれるようになりました。「市民活動促進法」が国会で議論されるようになり、結果として「特定非営利活動促進法」（NPO法と略す）が全会派一致で1998年3月に成立、12月1日から施行されたのです。気が遠くなるような…と思っていたNPO社会への扉が開いた瞬

83

間でもありました。私も何度か東京に通うなど、その渦の片隅にいたことをなつかしく思い出します。

　NPOの扉は開いたものの、さてどのように社会でその役割を果たしていくのか。NPO＝市民活動団体は、これまで社会にモノ申したり、あるいは自分たちの周りへのさまざまな矛盾に対して働きかけたりするのは、まさに身銭を削っての、いわゆるボランティアが当たり前、の世界でした。

　NPO法ができ、NPOとして法人格がとれたとはいえ、どこからかお金が勝手に入ってくる訳ではありません。何とか自分たちで活動を保証していく事業などを展開していかなければ、やはりボランティアのままで終わってしまいます。「市民が活き活き暮らせる地域社会をつくりたい」という想いを、「事業として成り立つようにしたい」という想いへと発展させ得たのが、このNPO法でもありました。

　つまり、市民活動とは言え、法人格を持つことによって「事業として成り立つ組織」への志向が急速にひろがっていったのです。これこそが、NPO法ができたことによる大きな変化、と言っても決して過言ではありません。

　ところが実際には、NPOだけではなかなかそこに到達できません。自分の周りの活動に終始しているだけでは、事業にはなっていきません。ましてや人を雇って組織や事業を大きく展開することなど夢のまた夢…。そこで、「企業との連携」の発想が出てきたのです。「企業とNPOの協働による事業」を発想したのです。私自身が、企業で研修を行っていたことと、決して無縁ではありませんでした。

　「私の上司を何とかしてほしい」という企業内の女性たちの訴え。「ガラスの天井」と言われた現実。一方、アメリカのNPO視察で見た、女性リーダーたちの活き活きとした社会での活躍。この両者を思い浮かべながら、閉塞した企業の状況を同時に打ち破るためにも「企業とNPOとの協働」が有効だと、本気で考えるようになりました。

　企業にNPOのことを知って欲しい～女性たちはNPOのリーダーとして、こんなにも能力を発揮して社会で活躍しているんですよ。そんな社会がNPOという場で実現しているんですよ—と。そして、NPOとの関係が当たり前になれば、きっと単なる金儲け主義や効率主義ではない、社会のさまざまな矛盾にも目を向けたやさしい企業になるのではないでしょうか——と。

4 はじめての「パートナーシップ・スタディツアー」
～社会貢献への"迷い"が氷解

　1993年にはじめてアメリカのNPOに触れ、その可能性を信じて1994年に名古屋で初のNPOセミナーを開催。阪神淡路大震災を経て、1995年にはこの地域で初のNPO中間支援組織の設立に関わりました。そのプロセスをつぶさに体験する中で、NPOのこれからを考えた時、企業との協働を視野に入れなければと、1996年に企画したのが、「企業とNPOのパートナーシップ・スタディツアー」でした。NPO法ができる２年以上も前のことでした。

　何せ、日本で初めてのこと。アメリカにいる日本人のNPO関係者に相談しながら、ツアーの企画を練りました。とはいえ、彼らにとっても、「企業とNPO」というキーワードは初めてのこと。企業がNPOと協働して実績を挙げている事例を知りたい、と私の意図を伝えたところ、当初は戸惑いをみせつつも、「おもしろそう。ぜひ一緒にやりましょう」との前向きな反応が返ってきて、NPO先進国であるアメリカの実情をいろいろ調べていただきました。そして第１回目のツアーが実現したのです。

　しかし、企業にとっては何せ今までに聞いたこともない「企業とNPOのパートナーシップ」ですから、なかなか思うようにツアー参加者が集まりませんでした。

　たまたま、前年（95年）、北京で開かれた国連の「北京女性会議」に参加した時に知り合った方が、自動車関連会社のアメリカに出向されている方のご夫人でした。その方を通じて、当時その会社の常務取締役だった方に毛筆でお手紙をさし上げたところ、ちょうど50周年を迎えるに当たって、何かいい企画はないかと考えていたタイミングであったことも幸いし、直接会って下さることになったのです。

　そこから、まさに日本を代表する自動車会社の主たる３社が、このツアーに社員を派遣して下さることになったのです。ツアーが企画倒れにならず、計８社の参加により何とか実現にこぎつけた瞬間でした。

　アメリカの「企業とNPO」のパートナーシップの現場に立って、企業の方たちは実に多くのことを学んで帰ってきました。サンフランシスコとニューヨークを駆け巡り、７つの企業・財団・NPOの訪問＋アメリカのNPOセクターやNPOと企業に関するレクチャーを含めた、10日間の充実した旅でした。

米国ツアー記事

　参加者らは「アメリカの企業の姿勢に感動」「自分の人生のエポックメイキング」と評し、「企業の社会貢献とは単なる美名ではないのか、との悩みをいとも簡単に氷解させてくれたツアー」と語った企業人もいたほどでした。そして、すぐさま自社の社会貢献活動方針に、アメリカ企業で学んだものをほぼそっくり取り入れる企業も出てきたのです。それだけ大きなインパクトを与えた第1回のスタディツアーでした。

　大手自動車会社をはじめ、私たちが住むこの地方の有力な企業が参加してくれたツアーでしたが、ただ「よかった」で終わらせるわけにはいきません。せっかくのチャンスを次につなげようと、ツアー参加者を中心に「パートナーシップ研究所設立準備会」を立ち上げたのです。1996年11月のことでした。東京で、「日本NPOセンター」が設立された時期と一にしていました。

　それから毎月1回、準備会としての定例会をたとえ2～3人であったとしても、必ず開催していきました。そして毎回ニューズレター(「P研ニュース」)をFAX通信していきました。当時、組織としては、私とその活動を熱心に手伝ってくれたアイセックという学生団体で活動する女子学生ひとり、という状況だったことを思い出します。

86

そして1997年には第2回目の「企業とNPOのパートナーシップ・スタディツアー」を実現したのです。

ここまでが、「パートナーシップ・サポートセンター（PSC）」の前身となるストーリーです。

5 中部社研との協働による「企業＆NPO　協働アイデアコンテスト」

パートナーシップ・サポートセンター（PSC）の主要事業はいくつかありますが、その1つに「企業＆NPO　協働アイデアコンテスト」があります。PSCオリジナル事業としては、日本初の「パートナーシップ大賞」があり、これは、すでに成立している企業とNPOの協働事業を全国から集め表彰している事業でしたが、「企業＆NPO　協働アイデアコンテスト」は、本来その前の段階というべき事業で、NPOから企業に対して「協働しませんか」と呼びかけるもので、中部圏（現在9県）を対象とした公益財団法人中部圏社会経済研究所（中部社研）[※注]との協働で実施している事業です。

2006年度から始めたこの事業は、私たちにとって欠かすことのできない大事な事業となっており、私自身全国で講演や研修などチャンスがあれば、企業とNPOの協働を進めるとっかかりとしてこの事業をお勧めしています。それもあってか、今では全国でこれによく似た事業を展開するところが増えてきました。それだけ期待の大きい、NPOから求められている事業と言えます。「新しい公共」や「共助づくり社会」の掛け声の中で、「NPOと企業の協働」が、キーワードの1つになっていったことも間違いありません。

この「協働アイデアコンテスト」誕生のきっかけは少々唐突でした。ある企業人の"先見の明"と言えるかも知れません。中部社研の前身である当時のCIAC専務理事Y氏が、「明るく楽しく取り組めるCSR」の手法を研究したいと、「地域への貢献」に手掛かりを求め、「NPOとの協働」に的を絞ったことから始まりました。

そこで、「企業とNPOの協働」分野で全国的な活動を展開している私たちPSCに、パートナーとしての白羽の矢がたったのでした。仕事を通じてY氏と関係のあったPSCのシニアボランティアさんからその話を伺い、直接Y氏からお声がかかってお会いし、その意図を汲み取りつつ

ろいろ提案させていただきました。
　その1つが、この「協働アイデアコンテスト」だったのです。PSCにとっても、「パートナーシップ大賞」というメイン事業を下支えする、とても意味のある事業として位置付けられるものでした。というのは、冒頭に書いたように、「パートナーシップ大賞」への応募はNPOと企業の協働がすでに成立していることが前提条件になりますが、実際にはNPOからみれば企業との接点そのものがなかなかないため、協働したくてもできない状況にあったのです。私自身もちょうどそのジレンマを抱えていた時期でもありました。
　ならば、NPOから企業に働きかけでみよう、そのアイデアに共感した企業に協働してもらおう！
　実はY氏への提案時、私自身は、できれば企業からも同じようにNPOにアイデアを出してもらえば双方からの協働が成立するのではないか、その方がより対等な関係になるのではないか、と思っていました。が、残念ながら、企業の側からの提案は「時期尚早」との声で、まずはNPOからの提案が始まったのです。これが「企業＆NPO　協働アイデアコンテスト」の始まりでした。第1回は2007年2月に開催。参加者約9割が満足する事業として一歩を踏み出しました。
　当初はあくまでCIACの調査研究の一環として実験的に行った事業でしたが、今年すでに8回。Y氏を引き継いだK氏によってさらに発展し、この事業から「パートナーシップ大賞」のグランプリが生まれるなど、中間支援同士の大切な協働事業になっています。

　※注　公益財団法人中部圏社会経済研究所（中部社研）は、㈶中部産業活性化センター（CIAC）、㈶中部産業・地域活性化センター（CIRAC）を経て、2012年5月から現在の名称・組織に変更しています。

6　「企業とNPO」の協働推進の歴史
〜企業の新たな評価基準を提示

　私たちパートナーシップ・サポートセンター（PSC）が、設立以来15年に渡って展開してきた「企業とNPOの協働推進」は、試行錯誤の連続だった、と言っても過言ではありません。
　「NPOと企業の協働」をミッションの中心に掲げたNPOは、全国で初めてだったこともあって、明らかにこの分野ではパイオニアであると自

図1　PSC「企業とNPO」協働推進の事業展開

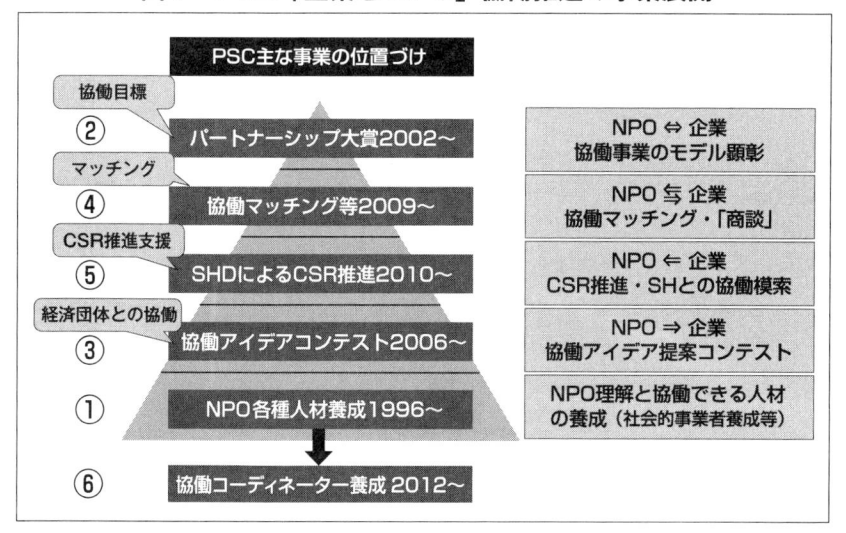

```
               PSC主な事業の位置づけ
 協働目標
  ②      パートナーシップ大賞2002〜        NPO ⇔ 企業
                                      協働事業のモデル顕彰
 マッチング
  ④      協働マッチング等2009〜           NPO ⇆ 企業
                                      協働マッチング・「商談」
 CSR推進支援
  ⑤      SHDによるCSR推進2010〜          NPO ⇐ 企業
                                      CSR推進・SHとの協働模索
 経済団体との協働
  ③      協働アイデアコンテスト2006〜      NPO ⇒ 企業
                                      協働アイデア提案コンテスト
  ①      NPO各種人材養成1996〜          NPO理解と協働できる人材
                                      の養成（社会的事業者養成等）

  ⑥      協働コーディネーター養成2012〜
```

負しています。しかし、それだけに一直線にすすんできたわけではありません。1つずつ、壁にぶつかってはそれを乗り越え、自ら道を切り拓いていく他はありませんでした。

　図1に示すように、①の人材育成は、私自身が企業研修を本業としていたという背景もあって、当初より「協働できる人材」の養成を骨格（ベース）に据え、そしてミッション実現を目指して②の「パートナーシップ大賞」が設定されました。これはある意味、「企業とNPOの協働のモデル」を示す、目標としての事業でもあったのです。つまり、図右にNPO⇔企業と示したように、すでに協働が成り立っていることを前提とするわけですから、そこに行きつくまでの道のりを、具体的な事業で示していかなければなりません。

　それが図の③、⑤、④だったのです。しかし、この順番を見てもお分かりのように、まさに試行錯誤の連続でした。本来ならば、下から順に①（NPO人材養成）、③（NPO⇒企業への協働アイデア提案）、⑤（企業⇒NPOへの協働提案）、④（NPOと企業のマッチング）と進めていけば、目標である②（企業とNPOの協働実現）に向かって、着実に歩めるはずです。が、目標が明確になって、初めてそこに行くために何が必要か、必要に応じて1つずつ考えていったのです。それが新たな事業となっていきました。

もちろん、協働そのものが目的ではありません。
　さまざまな地域や社会の課題を解決していくために、企業とNPOそれぞれが協働で、よりよい社会にしていくことが目的なのです。「パートナーシップ大賞」はその１つの目標になり得るものでした。
　なぜなら、この事業を通じて、これまでの財務諸表を中心とした企業評価の基準とはまったく異なる、「いい企業」の新たな評価基準を提示することになるからです。NPOと協働をしている企業は、地域や社会を大切にする企業でなければなりません。それは、その会社で働く従業員にとっても「自社に対する誇り」がもてる「いい会社」なのです。
　一方NPOにとっても、自分たちだけではなし得ない一回り大きな活動が可能になり、社会的な認知や寄与にもつながっていきます。企業と協働することで、組織的な見直しを迫られることにもなります。ひいては、市民活動全体の底上げにもつながる相乗効果を生み出していくのです。PSC15年の歴史は、こうした「企業とNPOの協働推進」の歴史でもあるのです。

7　CSR推進はNPOとともに
〜こんなに近いCSRとNPOの活動

　企業とNPOが協働すれば、企業にとってもNPOにとってもプラスになると確信して協働を推進してきたのですが、私たちはその理由を次のように証明しています。
　図２のように、CSR（企業の社会的責任）として求められているものの一部を図左側に示しました。
　ISO26000の「７つの中核主題」として挙げられているのが、「人権」「労働慣行」「環境」「公正な事業慣行」「消費者課題」「コミュニティへの参画およびコミュニティの発展」、そしてそれらを包含する「組織統治」の７つです。
　例えば、「人権」の課題で言えば、自由や生存の権利、法の下の平等、労働権、教育や社会保障を受ける権利などを尊重する責任があるとされており、具体的なテーマで言えば、障がい者や高齢者、海外における児童労働などが一例として挙げられます。
　こうしたテーマは、右側のNPOの活動分野で言えば、障がい者や高齢者の課題であれば、①「保険、医療又は福祉の増進を図る活動」です

図2 CSRとNPOの活動はこんなに近い!!

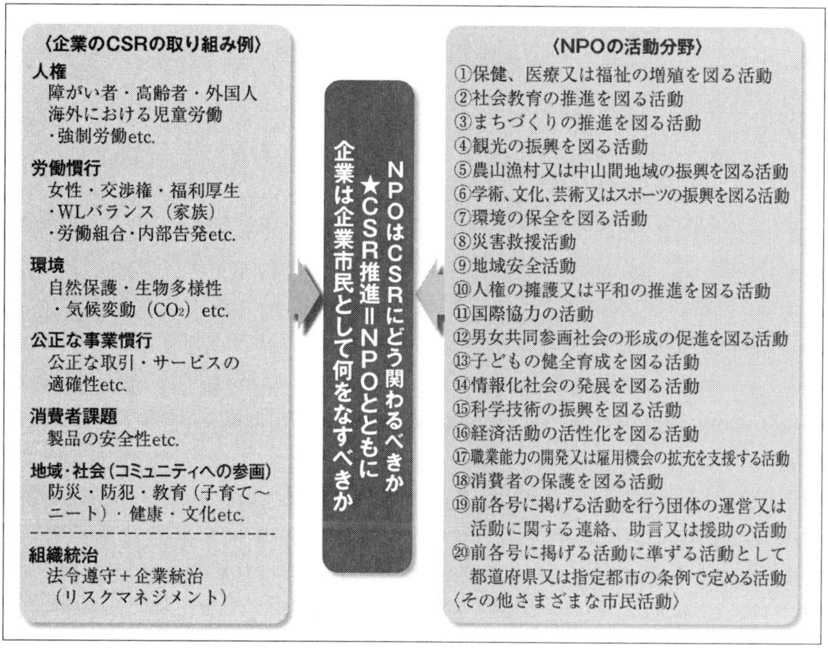

〈企業のCSRの取り組み例〉

人権
障がい者・高齢者・外国人
海外における児童労働
・強制労働etc.

労働慣行
女性・交渉権・福利厚生
・WLバランス（家族）
・労働組合・内部告発etc.

環境
自然保護・生物多様性
・気候変動（CO_2）etc.

公正な事業慣行
公正な取引・サービスの
適確性etc.

消費者課題
製品の安全性etc.

地域・社会（コミュニティへの参画）
防災・防犯・教育（子育て〜
ニート）・健康・文化etc.

組織統治
法令遵守＋企業統治
（リスクマネジメント）

NPOはCSRにどう関わるべきか
★CSR推進＝NPOとともに
企業は企業市民として何をなすべきか

〈NPOの活動分野〉
① 保健、医療又は福祉の増殖を図る活動
② 社会教育の推進を図る活動
③ まちづくりの推進を図る活動
④ 観光の振興を図る活動
⑤ 農山漁村又は中山間地域の振興を図る活動
⑥ 学術、文化、芸術又はスポーツの振興を図る活動
⑦ 環境の保全を図る活動
⑧ 災害救援活動
⑨ 地域安全活動
⑩ 人権の擁護又は平和の推進を図る活動
⑪ 国際協力の活動
⑫ 男女共同参画社会の形成の促進を図る活動
⑬ 子どもの健全育成を図る活動
⑭ 情報化社会の発展を図る活動
⑮ 科学技術の振興を図る活動
⑯ 経済活動の活性化を図る活動
⑰ 職業能力の開発又は雇用機会の拡充を支援する活動
⑱ 消費者の保護を図る活動
⑲ 前各号に掲げる活動を行う団体の運営又は
　 活動に関する連絡、助言又は援助の活動
⑳ 前各号に掲げる活動に準ずる活動として
　 都道府県又は指定都市の条例で定める活動
〈その他さまざまな市民活動〉

岸田眞代：2012改訂版

し、当然、⑩「人権の擁護」にも関わります。また海外における児童労働の問題であれば、⑪「国際協力の活動」や⑬「子どもの健全育成を図る活動」の中で取り組まれています。

「労働慣行」で言えば、雇用や働き方の問題、労使の対話、職場における人材育成などに責任があるとされており、ワークライフバランスや内部告発などがテーマとして挙げられます。

こうした取り組みは労働組合のものと思われがちですが、NPOの活動でも、⑰「職業能力の開発又は雇用機会の拡充を支援する活動」として取り組まれているのです。

「環境」問題は、企業にとって「持続可能な資源の活用」に社会的責任があり、気候変動が人間の活動によって引き起こされている可能性が大きいとされる中、企業のあり方が問われることにもなります。

この分野はNPOの活動が活発でもあり、⑦「環境の保全を図る活動」は、生物多様性や気候変動、エネルギー問題まで、極めて広範囲にさまざまな取り組みがなされているのはご存じのとおりです。

「コミュニティへの参画およびコミュニティの発展」というのは、企業の社会的責任として、「コミュニティの発展への貢献を目的としたコミュニティへの参画を基礎とすべき」とISO26000の中で言われています。しかもこれは、「持続可能な発展に不可欠な要素」と位置付けられており、その背景は「そのコミュニティと共通の利害を共有している」という認識から生まれるべきだとしているのです。

　また私たちPSCの活動は、NPOの活動分野で言えば、⑲のいわゆる「NPO支援」「中間支援」という活動になります。もちろん、③「まちづくり」、⑧「災害救援」、⑨「地域安全」などにも幅広く関わってきますし、環境などの個別テーマについてもNPOの支援活動として関わることは多々あります。したがって、企業がどんな活動をしているのかによって、NPOとの協働をコーディネートしたり、時には私たち自身も協働のパートナーになったりもしているのです。

　このように、CSRとして取り組むべき分野それぞれに専門的なNPO団体が存在しており、企業が企業市民として何をなすべきかを考える時、NPOの活動を視野に入れるとCSRの推進は思ったより豊かに専門的に進むことができることが多いものです。協働のパートナーとして、より効果的に、実現性の高いCSR活動に昇華させるためにも、ぜひNPOを視野に入れてほしいものです。

　まさに私たちの活動はこうした認識のもとに展開してきました。

8　CSRとNPO
〜CSRからみた「5つの協働パターン（類型）」

　では協働のパターンには、どんなものがあるのでしょうか。CSRの観点から見た協働のパターンをご紹介しましょう。図3中に1〜5の番号で示したように、企業の社会との関わり方から「協働パターン」を5つに分類しました。

　1は、法の遵守や倫理的側面から、企業のコアともいうべき「ガバナンス（企業統治）」そのものの部分に関わるような協働です。本来企業が責任を負うべきもので、事業活動を行う施設・設備等が地域に与える影響についても責任を負わなければなりません。例えば工場排水が地域住民に健康被害を与えたとなると大変です。ただ、企業内部の問題に大きくかかわるので協働はそう簡単ではなく、まだまだ数としては多くは

図3 CSRと「NPOとの協働」

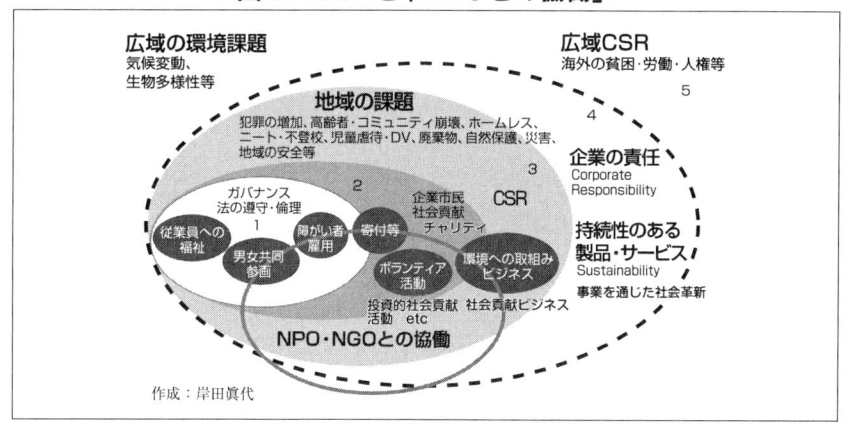

```
広域の環境課題                    広域CSR
気候変動、                        海外の貧困・労働・人権等
生物多様性等
            地域の課題
            犯罪の増加、高齢者・コミュニティ崩壊、ホームレス、
            ニート・不登校、児童虐待・DV、廃棄物、自然保護、災害、
            地域の安全等                           4        5

                                                企業の責任
                ガバナンス         2                Corporate
                法の遵守・倫理         企業市民    3  Responsibility
                            寄付等 社会貢献  CSR
       従業員への       障がい者       チャリティ      持続性のある
       福祉     1      雇用                        製品・サービス
             男女共同           ボランティア 環境への取組み   Sustainability
             参画             活動      ビジネス
                          投資的社会貢献 社会貢献ビジネス    事業を通じた社会革新
                             活動  etc
                    NPO・NGOとの協働

       作成：岸田眞代
```

ありませんが、まったくないわけではありません。

「パートナーシップ大賞」入賞事業の中にも自社の内部をNPOの厳しい目で点検してもらったという例もありますし、障がい者雇用や男女共同参画などのテーマはすぐにも協働可能です。

2は、企業がその地域に存在する証としての「企業市民」や「社会貢献」の活動で、企業独自にできるものも多いのですが、あえてNPOと協働することで、より有効な活動になり得るものです。企業による寄付や道路清掃などのボランティア活動もここに含まれるでしょう。

3は、私は「身近なCSR」と呼んでいます。企業が、地域社会に生じているさまざまな課題～例えば、犯罪の増加、ニートや不登校、児童虐待、環境破壊、災害…等々に関心を持ち、本来NPO主導で行ってきた活動に、企業が賛同して参画し、さらにともに展開していくというパターンです。

まさに、CSR推進の中核主題の1つである「コミュニティへの参画およびコミュニティの発展」に通じるものです。2も一部「コミュニティへの参画およびコミュニティの発展」に関わることも多々ありますが、自社か地域か、どちらに軸足を置くかという違いと言えそうです。2・3は、「パートナーシップ大賞」の入賞事例の中でもたくさん見られる協働パターンです。

4は、社会的責任というよりは企業そのものの責任、といった方がいいもので、いわゆる「本業」に関わるものです。企業が責任を持つべき最大のものと言ってよく、本来企業自身が持続的に活動しようと思えば、製品やサービスも「持続可能な」でなければなりません。実は最近は、

この分野での協働が大幅に増えているのが特徴です。本業そのものですから、企業も真剣になりますし、継続性も高いのが特徴です。

ただ、「本業」と限定すると協働の範囲が限られてきそうですが、「本業」を支える事業活動を幅広く捉えれば、協働の可能性は格段に広がります。1の組織内部のありようと併せて考えれば、よりオープンな企業活動をめざすためには信頼できるNPOとのより深い協働を視野に入れておくとよさそうです。

最後の5は、「広域のCSR」と名付けており、グローバル企業に求められる視点でもあります。多国籍企業にとってはこの部分ができて初めて世界に認められ、尊敬される条件ともなります。気候変動や生物多様性、海外の貧困、児童労働など、これらの分野では日本国内だけでは分からないさまざまな課題に対して、国際協力のNPO（NGO）が大いに活躍しています。

図中央下にある「NPO・NGOとの協働」の楕円部分は、上記1・2・3・4・5すべての分野で協働が可能であることを示しています。

9 「第10回日本パートナーシップ大賞」に寄せて

いよいよ、ここからはPSCの事業の中核をなす事業である「日本パートナーシップ大賞」についてご紹介しましょう。

これまで10回開催された「パートナーシップ大賞」への応募事業数は273件、応募企業等は531件、応募NPOは320件になりました。もちろん、寄付や場所の提供、企業からのボランティア支援等を含めれば、実際に何らかのかたちで協働している数はこの比ではないでしょう。企業とNPOの関わりでみれば、全国ではこの数十倍になるのではないでしょうか。

あくまで対等な協働をめざす「パートナーシップ大賞」は、すでに協働が成立し、なおかつ双方が応募に同意しなければ応募もできないという、極めてハードルの高いものであるため、応募数こそそれほど多くはありませんが、全国でそれをモデルにさまざまにアレンジした事業が展開していることも事実です。

はじめて実施した2002年は、「初」のインパクトもあってか35事業が寄せられましたが、1年半後の第2回は13事業に留まりました。悲しい

かな、私たちPSCの資金不足もあって、毎回財団等の支援を受けながらの開催で、当初は1年半に1度の開催という変則的なものでした。それが第4回（2006年）まで続きました。

第4回を見に来てくれた別の財団の方が、「この事業はすばらしい！ぜひ継続を」と申し出てくださったこともあって、その後は支援を受け何とか2年続けて開催できました。が、それもつかの間。直後にはリーマンショックの影響を受け、いろいろ掛け合ったものの結局開催できる支援は得られず、2009年はやむなく見送りという事態も経験しました。

さらに11年は、東日本大震災の中、開催すべきかどうかを巡って大いに議論を重ね、今こそ「企業とNPOの協働の出番」という想いで、その様子などを展示するなど工夫しながら開催に踏み切ったのです。

そして今年2013年。「第10回」という大きな区切りの年を迎えることができたのです。

10 出発点となった第1回グランプリ

NPO発の全国対象とした賞が10回も続いたのは極めて珍しいことです。全国初だろうとも言われています。しかも、名古屋発、というのも他にはありません。

なぜこんなに続いたのでしょうか。この「パートナーシップ大賞」事業自体は決して利益を生み出すような、採算の成り立つものではありません。その意味ではNPOだからこそ、PSCだからこそ、の事業とも言えるかもしれません。が、それだけではなく、社会や時代を映し出す他にはないユニークな事業として、多くの人の感動を呼ぶものになったからこそ紆余曲折を経ながらも続けてこられたのだと思います。

何といってもその出発点になったのが、第1回のグランプリ事業「車いすの集配・はこび愛ネット」事業でした。10年以上も前からそして現在も続いている事業ですが、この事業に関わったすべての人がハッピーになる、誰もが感動の協働事業なのです。改めてご紹介しましょう[※注]。

日本で不要になった車いすを、まだそれを必要とする海外の障がい者に送ろうという、北海道札幌にあるNPO法人「飛んでけ！車いす」の会が、航空便で送るところを、NPOらしい知恵と工夫で海外旅行者を巻き込んで直接現地に届け、海外の障がい者から感謝されているという事業です。

図3　第1回パートナーシップ大賞「車いすの集配・はこび愛ネット」事業

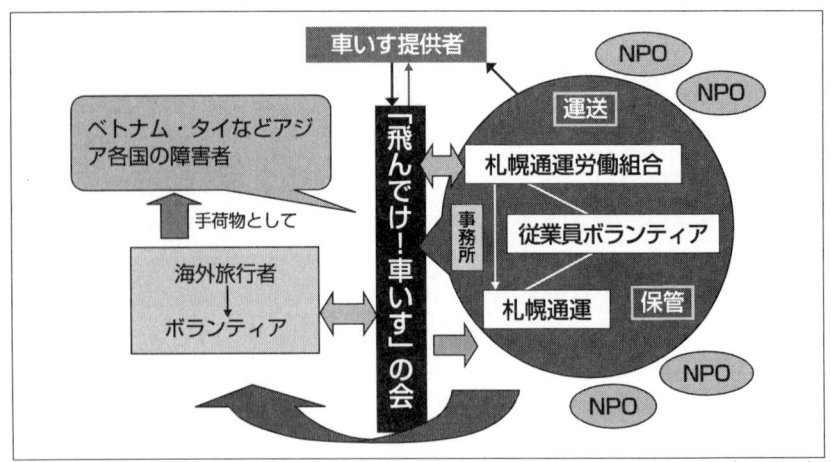

(2002.6.15)

　子どもが大きくなって使わなくなった、あるいは手動式から電動の車いすに換えた、などの不要になった車いすを提供してもらうのですが、その置き場所に困ったNPO。たまたま手元にあった名刺をつてに札幌通運に1通のFAXを送ったところ、それをみた労働組合書記長が、親切にも自分が新入社員の頃上司だった人が「今倉庫会社にいる」とかけ合ってくれたのです。そこからNPOと企業（当初は労働組合）の協働が始まりました。

　北海道中をトラックで駆け巡っている企業は、組合員を中心にNPOではおいそれと行けない遠い場所からも、仕事のついでに車いすを集めてくれたのです。さらに、修理にも力を貸し、海外旅行者が空港に行くのに合わせて届けるボランティアまで引き受けてくれました。さらに海外旅行者で、単なる観光旅行のつもりが車いすを手で運ぶことを通じてボランティアにめざめ、帰国後NPOの活動に関心を持ったり、ボランティアしたりする人が続出したのです。

　そうした周りの人たちの協力に対してNPOは、感謝の気持ちを込めてメディアに取り上げてもらったところ、企業の従業員（=組合員たち）は率先してボランティアをしてくれるものの、「労働組合」ばかりが表に。そこで、当時の札幌通運社長が労働組合支援から会社ぐるみの支援へと決断したのです。それは、会社のイメージアップにも大いに貢献することになり、「行きたい企業」のベスト10に入るまでになったと言います。

また、企業は、札幌駅にほど近い自社ビルの一角に、NPOの事務所を格安で提供。さらにビルの空き部屋が出ると、NPOに優先して使ってもらいました。NPOにとっては「協働したい企業」として「飛んでけ！」の会さんばかりでなく人気の企業になっていったのです。
　札幌通運の従業員によるこのボランティアを、お金に換算すれば数千万円にはなるだろうと推測できるくらいになりました。さらに、NPO側は、ボランティアで支えてくれる学生を「スタッフとして雇いたい」という想いを強く持つようになりました。その要望に、企業はまた書記長を通じて応えてくれたのです。NPOの会員が企業の客として宅配や引っ越しを利用すれば、その5％をNPOにバックしようと掛け合ってくれたのです。これを「運び愛ネット」と名づけ、飛んでけ！さん以外のNPOも参画しました。
　このことによって、NPOには待ちに待った現金が、そして企業にはこれまでとは異なる新たな顧客と年間数千万の売り上げ増を達成することができたのです。
　まさに企業、NPO双方にとってWIN-WINの関係だけでなく、車いす提供者も、海外旅行者も、もちろん車いすを受け取る外国の障がい者たちも、この事業に関係するすべての人が「ハッピー」と言える事業になったのです。
　この事業は、私たちに改めて「協働」のすばらしさと可能性を指し示してくれました。同時に、「パートナーシップ大賞」事業を続けていく確信を私に与えてもくれたのでした。
　※注　詳細は『NPOと企業　協働のチャレンジ』（同文舘出版）参照

11 協働で実現した「NPO喫茶」
～日本NPO学会で事業評価を発表

　全国の素晴らしい企業とNPOを中心とした協働事業を集め、表彰するのが、「パートナーシップ大賞」ですが、私たち自身もそれに先んじて協働事業を経験していました。
　話は前後しますが、1998年にPSCを設立した翌年、まだ正式にNPO法人格

NPO喫茶

を取得する前の1999年3月、私たちPSC自身が企業と始めた「企業とNPOの協働事業」があります。少なくとも「企業とNPOの協働」を前面に掲げた、全国初の協働事業で、名古屋の桜通りにある三井海上火災（当時。現在三井住友海上火災保険株式会社。以下M社という）中部のビル1階で始めた「NPO喫茶」です。

　発端は、PSCが例年お正月に行っている新春合宿でした。98年から2012年まで15回続いた合宿の、第2回目、確か蒲郡での雪の降る中での合宿の帰り道でした。企業会員として参加していたM社のPSC企画運営委員から、それまで喫茶と食堂に入っていた業者が撤退してしまった、特に玄関にある喫茶を閉鎖しておくわけにいかず困っている、との情報が出されたのです。

　たまたま同じく合宿に参加していた三重県津の女性団体であるNPO（法人格はなし）が、地元の役所内で喫茶をやっていることがわかり、「それなら」ということで、合宿を機に両者の想いが一致し、前向きに検討することになったのです。

　しかし、元の業者とまったく同じ条件でやる以上、儲けを前提にしたのではきっと同じ轍を踏むことになるとのことから、NPOらしい喫茶にと、私たちPSCが間に入って検討を重ねることになりました。「企業とNPOのパートナーシップ事業化第1号」がスタートしたのです。

　福利厚生の場を確保し、社員にリーズナブルなサービスを提供したいと望むM社。一方NPO側は、三重県から毎日名古屋まで通うのは厳しいとの理由から、当初は名古屋市内の自然食グループと共同でやることにしたのです。が、当時はまだ喫茶店と言えば「憩いの場所」として喫煙する人の多かった時代。タバコ問題でこの自然食グループはすぐに撤退。代わって入ったのが愛知県内の女性団体と障がい者団体の2つのグループでした。

　「（安全という面から）障がい者の働く場としては最適」とする障がい者団体。一方女性団体は、団体としての「資金やネットワーク」に期待しての参加でした。それぞれがそれぞれの目的をもって参加したのです。ところが働いているうちに、障がい者と女性たちの働き方には当然差が出てきました。そこから売上の配分等をめぐって、価値観に違いが出てくるなど、表面だけではわからない問題が生じ始めていたのです。

　こうした時が、私たち中間支援の団体の出番です。企業とNPOのつなぎ役であると同時に、NPO間の調整役でもあります。両者の言い分

を聞きながら、合意できるところを見つけ出していきました。

さらに、契約の問題がありました。実際に喫茶に携わっていた団体は、いずれも当時法人格は持っていませんでした。そこで、M社からの要望により、契約主体としてはM社と法人格をもつPSCの間で交わし、さらに、PSCとそれぞれの団体の間で、約束事などを決めていきました。したがって、実務的な団体間の運営会議とは別に、M社やPSCが入っての経営会議を別途設け、定期的に開催していきました。

こうしたプロセスの中で、それぞれが、「協働」の難しさを感じながらも、それぞれの目的に沿った成果をあげていきました。そして約1年後、それぞれに事業についての評価をしてもらったのです。見事に、取り組み方の差が評価の差にも表れていました。

この経過と事実をまとめ、日本NPO学会で発表し、当時大きな注目を浴びました。もちろん、NPOと企業の協働という、他のどこもまだやったことのない内容だったのです。それが、現在の「パートナーシップ大賞」の評価の骨格になっているのです。

12 「協働」を見る目
～最初の評価指標と「パートナーシップ大賞」

企業とNPOが協働する時、何をどう考えて進めていけばよいのでしょうか。あるいは、既に始めているけれど、なかなかうまくいかない、どうすればいいのだろうと、悩みをもっている方もいらっしゃるかも知れません。

NPO喫茶で実際に協働を進めて分かったことを原点にしながら、数回に及ぶアメリカツアーで学んできたこと等も取り入れ、2000年9月に発表した「パートナーシップ評価」と名付けた独自開発の協働事業推進のための評価指標をご紹介します。これはその後、「パートナーシップ大賞」の評価指標につながる原点となったものでもあります。

この評価指標は、Ⅰの「協働事業を始めるにあたって」と、Ⅱの「協働事業評価」という実際に協働しての評価の2つからなりたっています。まずは項目だけ挙げておきましょう。

Ⅰ「協働事業を始めるにあたって」の骨格としては、1．何を実現したいか（目的・ミッション）、2．そのために自分に足りないものは何か（自己分析・自己評価）、3．相手に何を求めるか、その役割分担は？（補

完役割期待)、4．相手を選ぶ基準は何か（優先順位）の４項目を挙げています。

　これらはそれぞれ、１では協働事業で目指すものは何か、それはそれぞれの組織のミッションにどう合致しているか、を明確にすること、２では、自分及び自分の組織にとって、事業推進に欠けているものを明確にすること、３では、相手の人や組織がカバーしてくれそうなものや相手にとってのメリットを推測しておくこと、４では、組織、人、情報、技術・技能、仕事、その他についてさらにそれぞれ細目を記述し、自分が何を求めているかを明らかにすることを目的としたものでした。

　Ⅱ「協働事業評価」は、１．「目的達成度」（目標は明確であったか）、２．自己満足度、３．役割期待度（役割分担は明確であったか）、４．発展性の項目からなるもので、それぞれの項目に２～３つのチェック項目を設けています。

　１の「目的達成度」には、①協働で何が実現できたか（実現の度合い）、②それはそれぞれのミッションにどう合致しているか（合致度）、③外部に対してどんな影響を与えたか、どんな評価を下されたか（影響度）、であり、２の「自己満足度」では、①それぞれが足りないものを埋めることができたか（補完度）、②それぞれに取って前進（成長）したといえるか（成長の度合い）、③それぞれのプロセスを楽しめたか（愉快度）、③の「役割期待度」では、①それぞれどんな役割分担をしたか、それは十分だったか（分担感）、②互いをカバーしたか（助け合い度）、４の「発展性」では、①新たな発展の可能性を見つけることができたか（発展性）、②次の事業を具体的に計画できるか、継続できるか（継続性）の、全部で10項目をチェックしています。

　実は、さらにこれらの項目に重みづけをし、全体として100点になるように配慮してもいます。ただし、この重みづけについては、事業の性格が反映できるよう、絶対のものとはせず、柔軟に対応できることを前提としています。

　10数年も前に作ったシンプルなものですが、協働の評価には今でも通用するのではないかと思っています。

　※注　評価指標についてはデータ編（p117）参照

13 "普遍"や"完璧"はない「評価」
～複数による現地調査でカバー

　評価に取り組んだ背景は、アメリカツアーで企業に対する評価活動がNPOの側からさまざまな形で行われているという事実に直接触れたことでした。それまで、NPOに対する行政や企業からの評価にばかり目を奪われがちだった私たちにとって、それは1つの衝撃でもあったのです。

　そこから自分たちのミッションに評価活動が加わりました。注目された「パートナーシップ評価」をもとに、「評価検討委員会」、「パートナーシップ大賞運営委員会」を組織化し、「パートナーシップ」と「評価」の2つの課題に向き合ってきました。「パートナーシップとは何か」「その条件とは」など、基本についても自分たちなりに明確にしてきました。ちなみに「パートナーシップ」とは、「パートナー同士が、1つのものを作り上げていく時の、互いの姿勢や考え方や行動を突き合わせるそのプロセスやあり方」と定義づけました。

　「評価」というのは、一種の抵抗感が根強く存在します。それは、評価の目的が選別やランクづけのためで、「ともに何かを生み出す」ためではなかったからに他なりません。

　したがって、「パートナーシップ評価」は、「評価のための評価」ではなく、企業とNPOが、まさに自由意思によって自分たちの市民社会を「愉しく」つくっていく、そのための「ツール」として捉えるものと位置づけました。協働で行う事業が、社会にどんなインパクトを与え、何を達成できたのか、あるいは互いにどんな役割を期待し、どう力を合わせたのか、などその協働のあり方を大切にしたのです。

　つまり、「パートナーシップ評価」のコンセプトは、①評価の目的を明確にすること、②評価の効用を明確にすること、③実用性を重視すること、でした。

　これに基づいて、「パートナーシップ大賞」の評価でも、企業、NPOそれぞれが互いの役割が明確で、それぞれの良さを活かし合えているか、その恩恵が社会にもたらされているか等を重視し、「より良い社会を実現するためのツール」になるよう考慮しているつもりです。

　実用性の重視というのは、大事なのは「評価そのもの」ではなく、評価によって協働が促進されることであり、評価する前に敬遠されるような膨大な評価シートは必要ないと考えたのです。極言すれば、目的を達

成できれば必ずしも評価の精緻さは必要ない、との認識に立っています。なぜなら、「評価」というのは、人によって、時代によって、観点によって、価値観によって、それぞれ異なるものであり、相対に過ぎない、ということを、評価する者自身が知っておくことが大切だと考えたのです。「普遍」でも「完璧」でもないのです。

したがって、2002年から始めた「パートナーシップ大賞」事業でも、評価指標を繰り返し検討し発展させるとともに、複数の調査員による現地における調査、さらに10数人からなる調査員間のレベル合わせ＋審査員による別の視点を加えた検討など、「普遍」「完璧」は無理としても、できるだけ公平で正確になるよう心掛けているつもりです。

また、第1次審査、第2次審査、いずれも運営委員会を経、審査委員会で評価した結果を、必ずそれぞれにフィードバックしているのも、単なる評価が目的ではなく、一歩でも地域や社会に役立つ協働を目指しているからに他なりません。

14 「パートナーシップ大賞」がもたらしたもの

私たちが「パートナーシップ大賞」から得たものは、直接間接数限りなくある、と言っても過言ではないのですが、そのなかから新たな事業にもなった代表的なものを1～2挙げておきたいと思います。

その1つが「CSRコンサル」であり、もう1つが「企業とNPOの協働コーディネーター養成プログラム」です。これらは、言葉で書くと何の変哲もないように見えますが、おそらくPSCにしかできない内容のものになっています。それは、「パートナーシップ大賞」に寄せられた多くの協働事例や現地調査で得られた1次情報、あるいは自分たち自身が協働に関わっているという事実からもたらされるものが多いからに他なりません。

もちろん、海外の情報をキャッチし、いち早く「企業とNPO」というキーワードを掲げてきたことと無関係ではないでしょう。

さて、その「CSRコンサル」ですが、他のコンサルタントやコンサル会社が行うようなものではなく、あくまで、NPOらしい、同じ目線で一緒に考えていこうというコンサルティングです。

具体的には、私たちが「ああした方がいい」「こうした方がいい」と

いうよりは、直接ステークホルダーの声をしっかり聞いて、それを分析して経営に活かそう、CSR推進に活かそう、というもの（ステークホルダー・ダイアログ）です。この手法は、実際に愛知県に提案して採択され、2年に渡って実践し、その後独自に展開しているものでもあります。

当初、愛知県の担当者も、「ステークホルダー・ダイアログに上るCSR推進」という私たちの提案に「それっていったい何？」という状況でしたが、現場に来て直接私たちのやっていることを見ていただくと、「なるほど。これは効果がある」と心から納得して下さったものです。1年の事業予定を2年に、しかも倍の予算をつけて延長して下さったのも、そういう効果を見ていただいたからに他なりません。

その効果をご理解いただくためにも、ある企業の若い常務さんの言葉をご紹介しましょう。

「ステークホルダー・ダイアログ事業に取り組んだときのことを思い出すと、いまでも（感動で）涙が出てきます。CSR委員会をはじめ、積極的に取り組んだ結果、メッキ屋という"町工場"から地域を意識した"いい会社"に生まれ変わることができました。ステークホルダー・ダイアログに取り組んでから、社内のコミュニケーションが盛んになり、働く社員の顔つきと意識がガラリと変わりました。…自分達のやっている仕事が社会に貢献しているのだという認識が芽生えました。その結果、"社員の働く意欲"や"会社をよくしようという意識"が格段に高まりました。本当に会社が変わったと実感することができました。ステークホルダー・ダイアログに取り組めたことに感謝しています」——と。

対象企業すべてが上手くいった訳ではありませんが、少なくとも私が直接担当した企業については、県の事業として終了した後も、現在も続いています。そして、NPOとの協働にもこぎつけ、さらに、若者たち中心に作ったCSR委員会のメンバー自らの手で、素敵な「CSRレポート」も作成するという、大きな成果も挙げています。

15 「NPOらしいCSRコンサル」の開発

実施企業経営者に感動すら与えている「NPOらしいCSRコンサル」——できることなら、もっと多くの企業経営者に知っていただきたい。そして、自社にとっても地域や社会にとっても役立つ事業として活か

していただきたい。本当にそんな気持ちでいっぱいのPSCオリジナルの「CSRコンサル」について、その進め方や内容をご紹介しましょう。

　私が進める「CSRコンサル」は、まずはその会社の「ステークホルダー（利害関係者）はだれか」というところから始まります。株主、顧客、従業員…など一般的には理解していても、自社にとって具体的に考えていくことは普段それほどチャンスがある訳ではないと思います。まずはそれをしっかりと把握します。その時、必ずと言っていいほど、これまであまり直接接触したことのない地域の人や消費者、地域のNPOのこと等も意識していただきます。

　そして、そのステークホルダーを特定したところで、15～20人程度を単位としてそれぞれのステークホルダー・ダイアログ（利害関係者との対話）を開催します。これはワークショップが中心になります。そこでは、いわば同じ利害関係をもつステークホルダー、つまり仲間たち（ときにはライバルになったりすることもあるのですが）の集まりですから、対象となる企業等（組織であれば必ずしも企業と限定しなくてもOK）に対する意見を、同じ立場から十分出し合うことができます。お互い頷き合うことも多いはずです。

　ちなみに、多くの企業が「ステークホルダー・ダイアログ」と称しているのは、いろいろな利害関係者を一堂に集めて意見を聞くスタイル（マルチ・ステークホルダー会議）を指していることが多々見られます。それはそれで意味のあることではあるのですが、意見を聞くことが中心となり、一括して捉えられてしまうため、どうしてもステークホルダー間の相違点が見えにくくなってしまいます。

　私たちは、まずはそれぞれのステークホルダーによる視点や考え方を理解していくことから始めます。

　そして、出た意見は出しっぱなしで終わらせず、ステークホルダーごとにしっかりと分析していきます。その視点は、企業毎に違ってくるはずですが、一般的に言えば、自社のCSRの取り組みの強み弱みの観点から分析してみたりします。

　例えば、取引先の人たちはその企業に対して「消費者課題」に関する意見がたくさん出てくるのに

経営改善提案書

対し、地域やNPOの人たちは、消費者課題もさることながらやはり「コミュニティへの参画」をもっとすべきだという意見がたくさん出てくる。あるいは従業員自身は、自社の「環境」への取り組みは一生懸命やっていると認めているが、「人権」についてはほとんど意識されていない、「組織統治」はまだまだ課題が多いと考えている、などが意見分析から見えてくるはずです。

　1人2人の意見ではなく、同じ分野のステークホルダーだけで15～20人という単位ですから、その分野のステークホルダーが持つポテンシャルをかなり正確につかむことができるはずです。

　そして、それをステークホルダー間での共通点、相違点として明らかにしていくのです。

　例えばA社の場合を例にとってみると、取引先と従業員の視点は異なるものの、企業としての組織のあり方に対しての意見がたくさん出されました。一方で、地域やNPOの人は企業内部の組織についてはほとんど関心がなく、それより圧倒的に企業に対し「地元に関心をもって欲しい」と望んでいることが分かりました。そうした分析から、その企業のやるべき内容や方向性が、おのずと見えてくるものです。

　その上で、各ステークホルダーの代表らを集めて「マルチ・ステークホルダー・ダイアログ」を開催。ここまで来ると、各ステーホルダーのエゴは通用しなくなります。各ステーホルダーによる違い等を大きな視野で互いに理解しあった上で、改めて企業の取るべき方向をさらに考え検討していくのです。このときには、企業の経営者らとの直接対話も本格的に実施します。

　つまり、コンサルとはいっても知識に基づいて「こうして下さい」ではなく、ステークホルダー・ダイアログによって、企業が内外から何が求められているかが見えてくるようにしていくのです。したがって企業が自ら決断を下していくための材料をしっかりと提供することが、NPO中間支援組織である私たちPSCが行うコンサルティングなのです。

16 「自社分析」から生まれる愛着と成長
　　　　　～NPOとの協働へ発展

　私たちの「CSRコンサル」は「ステークホルダー・ダイアログ」だけで終わりではありません。

継続的にCSRが取組まれ、推進していけるように、企業によっては CSR委員会のようなものを組織していきます。その中でCSR委員や従業員、あるいは経営者などを対象にCSR研修なども行いながら、委員メンバー一人ひとりが、自社の中で活き活きと活躍できるよう支援していきます。
　実際に行った例で言えば、まずCSR委員メンバーに、「自社評価」をしていただきました。自分の会社をメンバーたち自身がどう見ているのか、それを明らかにしながら自社の強み弱みをしっかりと見つめていきます。項目ごとに点数づけという自社評価にチャレンジです。SWOT分析も行いました。これらはかなり効果がありました。
　これまで考えたことのない視点で自社を見つめる経験は、自社への帰属意識を高めます。そして自分が働く会社を「もっとよくしていきたい」という自社への愛着をかきたてることになりました。中小企業だからこそ、と言えるのかもしれません。
　そこからCSRビジョンを描いていきます。経営そのものにも触れざるを得ません。したがって、従業員1人ひとりが、これまでの単なる一社員というだけではなく、知らず知らず、会社全体を考え、どうあるべきかを考え、その中で自分がどう関わっていくかを見つめていくことになりました。
　例えば、この時点でこんなことを書いてくれる社員がいました。
　「SWOT分析やサプライチェーン等、経営の基礎的な言葉があったので、経営論等の勉強をすれば、より深くCSRの思考を自分の中に落とし込めると思いました。また、仕事においてソーシャルな視点で物事を考えることができるようになれば、自分やチーム、会社のレベルを上げることができると思いました。」
　こうなればしめたものです。CSR委員会での経験が1つずつ彼らを成長させていきます。
　さらに、自分たちで「NPOとの協働」企画を考えていきました。自社が「地域との関係が弱い」ことに気がついたからです。中部社研と私たちPSCで開催している「企業＆NPO　協働アイデアコンテスト」を見にきてくれたことから、NPOとの協働の具体的イメージが湧いた人もいます。また自分の仕事を通じて考えてみた人もいます。そうして、自分たちでCSR推進の方向を決め、具体的な地域やNPOとの協働イメージを繰り返し企画にしていく作業の中で、会社として何を行うべきか優先順位を決めつつ、具体的に動き始めていったのです。

実際に私たちPSCの仲介によって協働相手が決まり、協働事業が始まりました。当初は、思っていた以上に、NPOの強いパワーを感じ影響を受けているのが傍目にも分かるほどでした。一方NPO側も、自分たちのやりたいことや実現したいことを、企業に直接聞いてもらい、企業の本業の中で活かしてもらおうと、積極的に提案しました。企業にとってもこれまでとはまったく異なる手法を学ぶチャンスになったようです。まさに現場に即したマーケティングそのものです。

　NPOとの協働はまだまだこれから先も続いていきますが、さらにCSR委員会としてのもう1つの大きな役割は、はじめての「CSRレポート」をつくることでした。大企業にはない、まさに手作りそのままの、文章も図もデザインも、すべて委員メンバーたちによる合作です。素晴らしい仕上がりになりました。

　こうして、私たちPSCオリジナルの「CSRコンサル」は、NPOらしさいっぱいの、手づくりCSR推進になっています。メンバーたちの成長は、他のどんなコンサルタントにも負けないと自負しています。

17　協働推進の5つのステージ
〜協働のコーディネーターになりませんか

　もう1つの「パートナーシップ大賞」起点の事業をご紹介しましょう。「パートナーシップ大賞」なくしては生まれなかった「企業＆NPO　協働コーディネーター養成講座」です。

　企業とNPOの協働を推進するという私たちのミッションの実現のために、次にどうしてもやっておきたい事業が、この「企業＆NPO　協働コーディネーター養成講座」なのです。全国でいわゆる「協働コーディネーター養成」はいろいろ実施されているのですが、「企業とNPOの協働」に踏み込んでの協働コーディネーターはまだまだ少ないのが現実です。そして、全国の行政等に呼ばれて「協働コーディネーター養成講座」を実施させていただくと、必ず出てくるのが「頭では分かっているけど、具体的にどう養成したらいいのか分からない」という声です。

　そこで、私たちが展開している講座を体験していただくと、「これだ！」と言って下さる方が多いのです。それが図に示した「NPOと企業の協働推進5つのステージ」に基づく講座です。

　協働には段階があります。なかなか一足飛びにはいきません。協働を

図4　NPOと企業の協働推進「5つのステージ」

	ステージ1	ステージ2	ステージ3	ステージ4	ステージ5
協働コーディネーター中間支援組織	初動段階 ・協働とは何か理解促進	導入段階 ・みつける ・出会う	展開段階 ・はじめる	実施段階 ・進める（つまずく、停滞する） ⇒成果をあげる	評価段階 ・自己評価 ・他者評価による協働推進
中間支援の課題	NPO／企業の協働理解促進	出会いづくり しくみづくり	協働仲介 人材養成	協働推進支援	第三者評価
協働推進のための事業	協働講座、CSR講座等	協働アイデアコンテスト等	協働マッチング等	協働コンサルティング等	協働評価等
中間支援に求められる要素	1-1 NPOと企業の協働についての理解 1-2 中間支援としての協働支援の態勢 1-3 中間支援としての信頼感	2-1 経済団体とのつながり 2-2 企業とNPOの出会いづくり 2-3 連携のためのアイデアとしくみづくり	3-1 協働のキーパーソン養成 3-2 コーディネート力の養成 3-3 経済団体との連携・協働事業の展開	4-1 NPOからの協働相談対応 4-2 企業や経済団体からの協働相談対応 4-3 協定書・契約書 4-4 コンサルティング実践	5-1 協働評価の実行 5-2 「パートナーシップ大賞」等への応募促進 ⇒次なる展開を促進
情報発信	1-4 啓発普及促進	2-4 事業への参加促進	3-4 協働情報発信	4-5 成果の見える化	5-3 継続発展

推進するには、その段階をしっかり把握して、相手の段階に合わせたコーディネートをしなければならないというわけです。

私たちはそれを5つのステージで考えてみたのです。

ちなみに、協働推進の「5つのステージ」とは、協働とは何かの理解を深める「初動段階」から、企業とNPOの出合いを演出する、まさに「協働コンテスト」を仕掛けるような「導入段階」、さらに具体的に協働を始める「展開段階」、協働を進める中で出てくるさまざまな困難や課題に対応しながら成果を挙げていく「実施段階」、そしてそれを「パートナーシップ大賞」のように客観的に評価する「評価段階」までを言います。

協働コーディネーターが、企業とNPOの間に入って協働を推進するという極めて重要な役割を果たすのですが、実際にはなかなか企業にもNPOにも対応できるコーディネーターがいないのが現状です。企業で長年働いてきた人が、地域やNPOに大いに関心を持って、いろいろ

な協働をコーディネートしてみたいと思う人やこれから地域や社会に役立ちたいと思っている人にとって、大いに可能性と意義のある仕事（役割？）になるかも知れません。ぜひあなたもチャレンジしてみませんか？
　※詳細は「協働のススメ」参照

18　これからのPSCと協働推進

　ここまで、1998年にPSCを立ち上げてからの15年を振り返ってきました。
　私自身を振り返ってみると、その前のパートナーシップ研究所（準備会）から17年、NPOに出合ってから20年を超えました。この間、「NPOと企業」というミッションにこだわりながら、NPO、パートナーシップ、協働、評価、CSR、コーディネートといったキーワードの中で生活してきたことになります。もちろんすべて自分なりに力を注いできたことは言うまでもありませんが、今もって、そのすべてにおいて完結したものなど1つもありません。
　NPOという組織を背負い、仲間とともに一定の基盤を築きながらも、それでも結局NPOは市民活動なのだという原点に立ち戻っています。一方、パートナーシップや協働という言葉自体は、私たちが設立当初考えた以上に全国に広がりをみせ、既に当たり前の世の中になりつつある、と言っても過言ではありません。しかし、パートナーシップや協働は今以上に無限の可能性を持っており、もっともっと広く深く進んでいくべきものだと思っています。
　「パートナーシップ大賞」で繰り広げられた数々の、企業とNPOがお互いに尊敬の念をもちながら一緒にプレゼンする姿は、まさに協働の醍醐味。何度感動を味わわせていただいたでしょう。NPOはそれぞれのミッション実現を目指し、企業はCSRや社会貢献として取り組み、地域や社会の活性化に大いに貢献しているのです。
　そして、頂点に立つグランプリ事業は、まさにその年のNPOと企業の協働の到達点と言える事業だと思います。全国のすべての皆さんに知っていただきたい、誇れる事業となっています。
　その中で、少なくとも私たちが独自に創り上げてきた「NPOと企業の評価」という分野では、「パートナーシップ大賞」の現地調査や評価、

その改善等の積み重ねとともに、この15年に及ぶさまざまな活動によって他の追随を許さないだけのさまざまなデータをもつに至ったと自負しています。

したがって、この15年間の貴重なデータを次にどう活かしていくのか、変化や発展も含め、改めて調査・分析することによって、また新たな発見もありそうです。

そしてそのことを、私ばかりでなく、これまで関わってくれた方たちが強く望んでくれていますし、それだけの思い入れを、この事業に関わってきた運営委員、事務局スタッフなど1人ひとりがしっかりと胸に刻んでいます。もっというなら、この事業に応募してきて下さった多くの企業、NPO、その他多くの組織や団体、そして事業を支えて下さった方の中にも、そうした想いを共有して下さる方がきっといらっしゃるはずです。

その意味ではすでに「パートナーシップ大賞」はPSCだけのものではなく、ましてや私の一存でどうこうできるものでもないとも考えています。それが、次への人材育成とも言える「企業＆NPO 協働コーディネーター養成」の開発にも繋がりました。

しかし人を育てることは容易ではありません。ましてや組織を担ったり、社会に影響力を与えたりできる人材というのは、そもそも育てるものではないのかもしれません。ここで改めてリーダー像を語るつもりはありませんが、少なくとも自ら問題意識をもち、難題ともぶつかっていけるタフさが必要です。

それらは一朝一夕で養成できるものではありませんし、努力だけでも難しいものです。

そうした想いを抱えつつも、それでも次へと続く人たちへの熱いメッセージだけは届けておきたい、おかなければならない。それが、今私たちが果たすべき役割だろうと思っています。

CSR推進や「協働コーディネーター養成講座」等についてのお問い合わせは―

NPO法人パートナーシップ・サポートセンター（PSC）
TEL 052-762-0401　FAX 052-762-0407
E-mail info@psc.or.jp　　URL http://www.psc.or.jp

PSC15年の歩み

年度	PSC 概史	主な事業・特徴等
1993〜95	前史	アメリカ NPO 視察（93）、NPO セミナー開催（94） 「市民活動の発展を考える」討論会（95）⇒市民フォーラム 21 設立
1996	「パートナーシップ研究所(準備会)」	第1回アメリカ視察、「パートナーシップ研究所（準備会）」発足
1997		第2回アメリカ視察、「第1回パートナーシップ講座」開催
1998年度	パートナーシップ・サポートセンター設立	7月17日設立総会（事務所：ヒューマンネット・あい） ①企業市民フォーラム（〜 04）、アイデア交流会（〜 05）の開始
1999年度	★NPO 法人格取得	8月27日愛知県認証、9月9日法人登記 ①1周年記念シンポジウム ②第3回アメリカ視察
2000年度	「日米シンポジウム」開催	①評価をテーマとした各種事業の展開 ②「パートナーシップ評価」の発表（日本 NPO 学会他）
2001年度	事務所独立	①「パートナーシップ大賞」の創設と公募スタート ②「企業と NPO のマッチング意向調査」、勤労者マルチライフ支援事業
2002年度	★「パートナーシップ大賞」創設（第1回）	①「NPO と企業」の評価指標の具体化と評価法の確立 ②「NPO 起業・就労講座」開始、「NPO 雇用の実態調査」
2003年度	第2回パートナーシップ大賞 PSC 設立 5 周年、飯田経夫代表理事逝去	①『NPO と企業　協働へのチャレンジ』出版 ②ジェームズ・オースチン氏（ハーバード大学教授）招聘
2004年度	CSR 視察（アメリカ、欧州 3 カ国）	①CSR ヨーロッパ視察、アメリカ CSR 調査、『NPO からみた CSR』出版 ②コラボレーションセンター・専任コーディネーター養成
2005年度	第3回パートナーシップ大賞 新事務所へ	①企業の CSR 研修・ワークショップなどの取り組み支援の増加 ②ボランティアふれ愛フェスティバル（イーデス・ハンソンさん）、シニア大学
2006年度	第4回パートナーシップ大賞 ★「企業 & NPO 協働アイデアコンテスト」創設（第1回）	①CIAC との協働による「協働アイデアコンテスト」、CSR セミナーの実現 ②「企業から地域人へ」各種事業、地域協働促進研修（8カ所・9自治体）
2007年度	第5回パートナーシップ大賞 第2回企業 & NPO 協働アイデアコンテスト	①コラボレーション事業の拡大 ②CSR 全国調査、"企業から NPO へ" インターンシップ & 協働推進事業
2008年度	★10 周年記念事業プロジェクト 第6回パートナーシップ大賞 第3回企業 & NPO 協働アイデアコンテスト	①「PSC 創立10周年記念フォーラム」開催（池下ピアザ開設）・基調講演・シンポジウム（P賞グランプリ受賞者ら）・記念誌発行 ②あいち未来塾・地域プロデューサー形成事業（〜 10）、保養所コンサル（〜 10）
2009年度	★「企業・市民・NPO コラボ 400」 第4回企業 & NPO 協働アイデアコンテスト	①「企業・市民・NPO　コラボ 400」（〜 10）を展開 ②『中小企業の環境経営』の出版、コミュニティジョブ支援事業
2010年度	第7回パートナーシップ大賞 第5回企業 & NPO 協働アイデアコンテスト	①「企業・行政・NPO コラボ 400」（協働フォーラム）の開催 ②「ステークホルダー・ダイアログによる中小企業の活力向上」事業（〜 11） ③NPO 協働事例調査（企業・行政）、「社会的事業者」「コーディネーター養成」
2011年度	第8回パートナーシップ大賞 第6回企業 & NPO 協働アイデアコンテスト	①経済団体等を巻き込む「SB& 企業の連携」推進事業 ②協働 & 協創型等ネットワーク促進事業、環境 NGO・NPO 対象の「運営力パワーアップ講座」、「社会的事業コーディネーター養成科（2期）」
2012年度	第9回日本パートナーシップ大賞 第7回企業 & NPO 協働アイデアコンテスト	①「市民・行政・企業の協働による地域防災による実証研究」の実施 ②「企業の CSR 活動支援事業」を自主事業へとして展開 ③「SAVE　JAPAN プロジェクト」、「NPO ×企業　協働コーディネーター養成」

1．パートナーシップ大賞
1）これまでの応募数の変遷

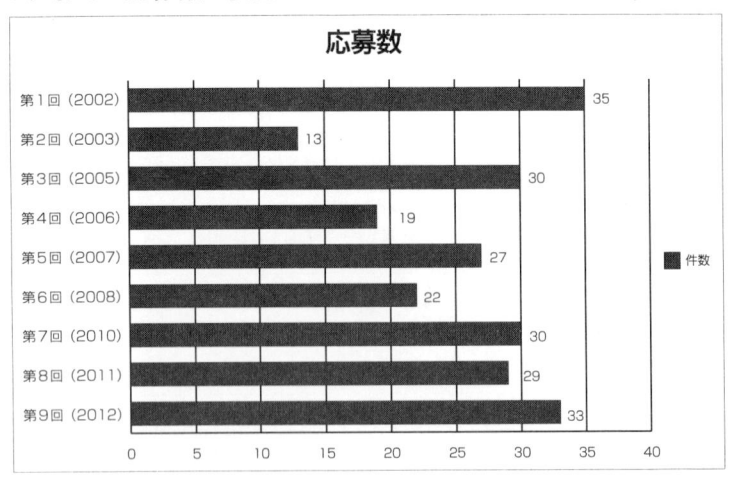

応募数

回	件数
第1回（2002）	35
第2回（2003）	13
第3回（2005）	30
第4回（2006）	19
第5回（2007）	27
第6回（2008）	22
第7回（2010）	30
第8回（2011）	29
第9回（2012）	33

2012年で第9回を迎えたパートナーシップ大賞への応募総数は238件。第7回以降はそれぞれ30前後、計36都道府県からの応募となっており、本賞の存在が徐々に浸透してきていることがうかがえます。

2）応募事業分野

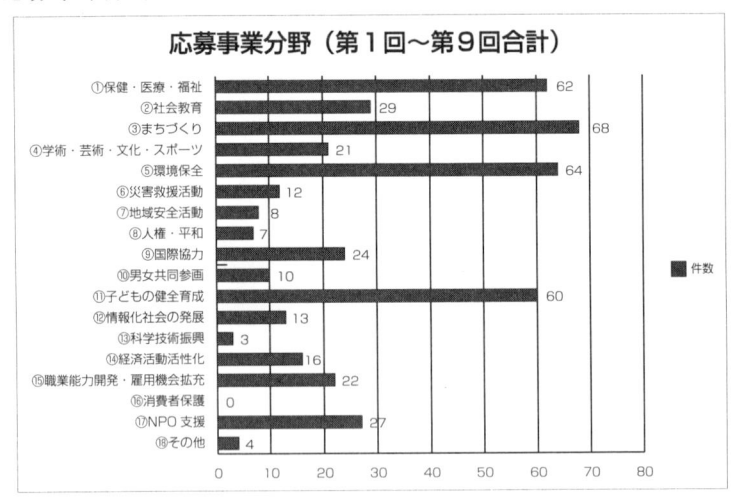

応募事業分野（第1回〜第9回合計）

分野	件数
①保健・医療・福祉	62
②社会教育	29
③まちづくり	68
④学術・芸術・文化・スポーツ	21
⑤環境保全	64
⑥災害救援活動	12
⑦地域安全活動	8
⑧人権・平和	7
⑨国際協力	24
⑩男女共同参画	10
⑪子どもの健全育成	60
⑫情報化社会の発展	13
⑬科学技術振興	3
⑭経済活動活性化	16
⑮職業能力開発・雇用機会拡充	22
⑯消費者保護	0
⑰NPO支援	27
⑱その他	4

応募団体の事業は「まちづくり」「環境保全」「保健・医療・福祉」「子どもの健全育成」などが主となっています。

私たちの暮らしに密着した事業を行っている団体や企業からの応募が多いことが特徴と言えます。

3）受賞団体・テーマ一覧

　これまでの受賞事業を見ると、高校生 NPO と製薬会社との商品開発事業、聴覚障がい者支援 NPO と大学、通信会社の連携による新しい情報保障システムの開発など、多種多様なテーマによる協働事業が受賞しています。地域に根差した事業はもちろんのこと、国際紛争による被災地域の子ども支援など、グローバルな協働事業が多いことも特徴です。

回	賞	協働事業名	NPO／企業	解説
第1回	グランプリ	「車いすの集配・はこび愛ネット」	(N)「飛んでけ！車いす」の会／札幌通運株式会社	不要になった車いすの運送と保管を企業が担当し、旅行者の手でアジア諸国の障がい者に届けている事業。
第1回	パートナーシップ賞	「こども科学実験教室」	(N)発見工房クリエイトオンライン自然科学教育ネットワーク実験室／アジレント・テクノロジー株式会社	工作や実験ショーのイベントを提供し、長期的な観点で科学技術の振興に貢献しようというプログラム。
第1回	パートナーシップ賞	「環境アニュアルレポート共同企画」	(N)環境文明21／日本電気株式会社	企業の環境報告書の作成に NPO が企画段階から関わることによって、企業の本質的な環境経営の実現をめざす事業。
第1回	パートナーシップ賞	「チャリティークリスマスカードによる紛争・被災地域の子ども支援」	(N)子供地球基金／三井住友海上火災保険株式会社	紛争・災害などで肉親を失った子どもが書いた絵画の販売により支援基金を得て、被災地域の子どもを支援する事業。
第1回	パートナーシップ賞	「おかし工房パンドラのお菓子販売」	(N)パンドラの会／株式会社デンソー	障がい者の社会参加・経済的自立を支援し、地域社会におけるノーマライゼーションを推進している事業。
第1回	パートナーシップ賞	「だれもが楽しめる『街』づくり」	(N)自立支援センターフィフティ／イオン下田ショッピングセンター	障がいを持つ人や高齢者が安全で安心して社会参加できるよう、NPO と企業が協働して進める街づくり事業。
第2回	グランプリ	地域メディアフル活用の NPO 情報発信	(N)くびき野 NPO サポートセンター／株式会社上越タイムス社、エフエム上越株式会社、上越ケーブルテレビジョン株式会社	NPO に関した情報を、メディアを活用して地域に発信している事業。
第2回	パートナーシップ賞	NEC 学生 NPO 起業塾	(N)ETIC.／日本電気株式会社	事業家の視点で戦略的に NPO を運営できる若者の育成と社会的事業の立ち上げを目指す研修を実施。
第2回	パートナーシップ賞	こどものへや・おもちゃぎゃらりー	(N)北海道子育て支援ワーカーズ／医療法人仁友会 日之出歯科診療所	歯科診療所来院者の保育のための託児ルームの運営。
第2回	パートナーシップ賞	東海地方での初の環境の駅運営	(N)いびがわミズみずエコステーション／TM エルデ株式会社	子どもの環境教育のための体験学習、地域商店街の活性化、無農薬野菜作りなどを実施。
第2回	パートナーシップ賞	浜松外国人無料検診会	MAF 浜松事務局／株式会社マストレメディカル、株式会社メディック、しるく印刷、遠州総合病院、浜松医科大学ほか	健康に不安を抱える定住外国人のための無料健康相談・検診会やブラジル人・ペルー人学校児童生徒検診会を実施。
第2回	パートナーシップ賞	緊急人道支援用シェルターの開発	(N)ピース ウインズ ジャパン／帝人テクノプロダクツ株式会社	緊急支援用大型シェルターの共同開発を行い、難民キャンプ等の支援活動で利用する事業。

回	賞	協働事業名	NPO/企業	解説
第3回	グランプリ	ビーチクリーン作戦＆子がめ放流会	(N)サンクチュアリ　エヌピーオー / ヤマハ発動機株式会社	遠州灘海岸保全のため、企業とNPOが協働で砂浜の清掃活動と子ガメの放流会を実施。
第3回	パートナーシップ賞	生活者の声を反映した共創型商品開発	(N)ユニバーサルデザイン生活者ネットワーク / トステム株式会社	NPOが、企画段階から携わり、企業と協働で新しい商品を開発する事業。
第3回	パートナーシップ賞	くるくるエコプロジェクト	(N)地域づくり工房 / 株式会社ネクストエナジー＆リソース	水車や小規模水力発電による自然エネルギーの開拓・普及を柱に、地域おこしを進めている。
第3回	パートナーシップ賞	ホームレス支援「自立生活サポートセンター」	(N)北九州ホームレス支援機構、北九州におけるホームレス問題を解決するための市民協議会	医師らによるサポートチームの発足、無利子の「自立支援貸付金制度」や「自立支援法律家の会」の設立など、ホームレスをトータルに支援展開する事業。
第3回	パートナーシップ賞	「北鎌倉の恵み」プロジェクト	(N)北鎌倉湧水ネットワーク / 横浜ビール株式会社	地ビールの売上の5％をナショナル・トラスト運動や街づくり運動に取り組んでいる市民団体に寄付。
第3回	パートナーシップ賞	NEC田んぼ作りプロジェクトwithアサザ基金	(N)アサザ基金 / 日本電気株式会社	霞ヶ浦流域の自然再生事業の一環として推進している「谷津田再生事業」。
第4回	グランプリ	企業ができるこどもたちへの環境学習支援事業	(N)こども環境活動支援協会 / LEAF企業プロジェクト（大栄サービス株式会社他31社）	さまざまな業種の企業31社とNPO、教育関係者が協働して開発した体験型プログラムを、兵庫県西宮市内の小・中・高等学校にて実施。
第4回	パートナーシップ賞	きょうと市民活動応援提携融資制度事業	(N)きょうとNPOセンター / 近畿労働金庫、京都労働者福祉協議会	NPO支援センターと労働団体と金融機関の連携によって、京都府内のNPO・市民活動の資金ニーズへの新しい融資制度を立案。
第4回	パートナーシップ賞	若者の自立就労支援ワーキングスクール事業	(N)とちぎボランティアネットワーク / 株式会社ブードン他（ワーキングスクール受入協力企業）	ニートや引きこもりなどで悩む若者を対象に、60件を超える企業での職場体験や職務研修等を盛り込んだワーキングスクールプログラムを実施。
第4回	パートナーシップ賞	パキスタン地震被災者への衣料支援事業	(N)ジェン（JEN） / 株式会社ユニクロ	2005年パキスタン地震の災害者に対する緊急越冬支援として、防寒着等を配布するなどの支援を行なった。
第4回	パートナーシップ賞	食育プログラム「食のガーデン」事業	国際理解教育情報センター / 味の素株式会社	食育への取り組みに積極的な企業とNPOが協力し、子ども達自らが学ぶ体験型学習を行なっている。
第4回	パートナーシップ賞	なまら便利なバスマップ製作事業	交通倶楽部ゆうらん / なまら便利なバスマップ製作事業（参加事業者5社）	札幌市内を走る複数のバス会社とNPOが協力し、複数の路線図を1枚にまとめた。
第5回	グランプリ	点から線へ、線から面へのまちづくり事業	石坂線21駅の顔づくりグループ / 京阪電気鉄道株式会社大津鉄道事業部	市民の生活に密着した鉄道と駅を舞台に、市民が主役となってまちづくりを実現する取り組み。
第5回	パートナーシップ賞	アイシン環境教育推進プログラム事業	(N)アスクネット / アイシン精機株式会社	小学生を対象に、年間を通じて体系的な環境教育プログラムを行う事業。
第5回	パートナーシップ賞	温暖化防止・全国環境教育事業	(N)気象キャスターネットワーク / シャープ株式会社	小学校で気象キャスターが地球温暖化について、企業の講師が太陽光発電やリサイクルについて紹介する。
第5回	パートナーシップ賞	障がい者手作りノベルティの共同企画と活用事業	(N)トゥギャザー / 積水ハウス株式会社	障がい者の手作り作品のノベルティを共同企画。NPOの施設ネットワークで生産性を高め、積水ハウスが全国のお客様向けノベルティとして活用する。

回	賞	協働事業名	NPO/企業	解説
第6回		アップルＣＳＣ家庭教師養成講座事業	(N)自閉症ピアリンクセンター「ここねっと」/ 株式会社セレクティー	発達障がいのある生徒の「よさ」を活かした効果的な支援ができる教師を養成する事業。
		地域中小企業での若者チャレンジ支援事業	(N)G-net / 岐阜信用金庫、国立大学法人高知大学、株式会社希望社	地域中小企業での長期実践型インターンシップを行い、自らの成長と社会貢献にチャレンジする若者を支援する事業。
	グランプリ	地域社会の防災力の向上に向けた協働事業	(N)プラス・アーツ / 東京ガス株式会社	若いファミリー層が楽しみながら学べる新しいかたちの防災訓練の普及や、市民および社員向けの防災啓発ツールの開発などを行っている。
	パートナーシップ賞	TOA MUSIC WORKSHOP事業	(N)子どもとアーティストの出会い / TOA株式会社	小中学生を対象に、学校が利用しやすい方式で「アートを通じた教育」を推進する事業。
		多摩センター百貨店ビル子育てひろば事業	(N)シーズネットワーク、(N)多摩子ども劇場 / 新都市センター開発株式会社、多摩センター三越、IDC大塚家具多摩ショールーム	少子高齢化が進む多摩ニュータウン（東京）において、地元企業とNPOが各々の特性を活かして駅前に「子育てひろば」を常設。協働による地域活性化、発展のきっかけともなっている。
		環境NPOの組織基盤強化支援事業	(N)地球と未来の環境基金 / パナソニック株式会社	企業が組織面、資金面でコンサルティングなどを行う総合的なNPO支援プログラム。
		遠野ツーリズム体感合宿免許プログラム事業	(N)遠野山・里・暮らしネットワーク / 株式会社高田自動車学校	自動車合宿教習型に農作業体験や乗馬体験等を取り入れ、まちの活性化につながった事業。
		「5本の樹」による生物多様性保全事業	シェアリングアース協会 / 積水ハウス株式会社	地域の生き物にとって利用価値の高い自生種・在来種中心に植栽する「5本の樹」計画を展開。
第7回	グランプリ	モバイル型遠隔情報保障システム普及事業	(N)長野サマライズ・センター / ソフトバンクモバイル株式会社、筑波技術大学	携帯端末を利用した難聴児（者）への新しい情報保障システムを発案した事業。
	パートナーシップ賞	高齢化する村を応援するプロジェクト事業	(N)棚田ネットワーク / アストラゼネカ株式会社	高齢化・過疎化の著しい農山村地域で、ニーズに応じた農作業、山仕事、環境整備等の支援を行う活動。
		車いす用雨カバー「ヌレント」開発事業	(N)クックルー・ステップ / トヨタハートフルプラザ福岡	障がい児への支援・応援を行うNPOからの発案で、雨天時の車いす用の雨カバーを共同開発する事業。
		「未来をつなぐ夢はさみ」美容職業訓練事業	(N)国境なき子どもたち / ヘンケルジャパン株式会社	カンボジアで日本の高い美容技術を伝えて職業訓練を行い、現地の若者の自立支援を促す事業。
		食資源循環活動による環境のまちづくり事業	(N)伊万里はちがめプラン / 有限会社北九給食センター、医療法人 光仁会	地域で出される業務用生ごみを、NPOが営むプラントで堆肥化し、地域で販売する事業。
		高齢者介護施設ビューティーキャラバン事業	(N)全国福祉理美容師養成協会 / 東海ゴム工業株式会社	介護施設に入所する高齢者への「ビューティーキャラバン」を展開する事業。

回	賞	協働事業名	NPO/企業	解説
第8回	グランプリ	子どもたちに給食を届ける、心のそしな事業	(N)アクセス－共生社会をめざす地球市民の会／近畿労働金庫	フィリピンの貧困問題に取り組むNGOのコーディネートで、労働金庫の粗品分の費用をフィリピンの貧しい子ども達への給食代として寄付する事業。
	パートナーシップ賞	中古自転車再生を通じた被災地支援事業	(N)アジア車いす交流センター、(N)せんだい・みやぎNPOセンター／株式会社デンソー、刈谷市役所	東日本大震災直後にいち早く現地の状況を調査し、現場のニーズに合った自転車を寄贈し、迅速な被災者支援に結びつけた事業。
		病気の子ども達への夢のアイテム実現事業	(N)チャイルド・ケモ・ハウス／株式会社長谷川綿行	衛生製品や住環境製品を共同開発で製品化するなど、小児がんの子どもとその家族を支援する事業。
		中海・飯梨川の自然再生・牧草栽培事業	(N)自然再生センター安来支部／株式会社中島建設	河川敷・堤防の自然再生から新たな生産拠点を生み出す、いわゆる循環再生型社会の構築を目指す。
		OKUTAこめまめプロジェクト事業	(N)生活工房つばさ・游／株式会社OKUTA	有機米の購入を通じて地域の農業を支えるコミュニティー・サポーテッド・アグリカルチャープロジェクト。
		古本ネットワークで拓く共生社会事業	フェア・ワーク・JAPAN／松坂ティーエムコンサルタンツ株式会社	寄贈された古本を企業が開発したビジネスモデルと古書販売プラットフォーム（書籍通販サイト等）を活用して販売する事業。
第9回	グランプリ	まごコスメプロジェクト事業	(N)植える美ing／万協製薬株式会社、株式会社相可フードネット「せんぱいの店」、多気町	三重県多気町の高校生NPO「植える美ing」と地元企業「万協製薬(株)」が、地元産品を使った「まごころ」ブランドのスキンケア商品を開発・販売する事業。
	パートナーシップ賞	空と土プロジェクト事業	(N)えがおつなげて／三菱地所株式会社	限界集落の開墾による農地再生、間伐材の活用による製品開発、再生農地での農業体験など、都市と農山村を結ぶ幅広い活動を行う事業。
		ニートの就職を支援「ホンキの就職」事業	(N)「育て上げ」ネット／株式会社リクルートホールディングス	企業の既卒者やフリーター対象の就職支援プログラムを、就活に踏み出せないニート層へ提供した事業。
		HSBC子ども支援プロジェクト事業	(N) NICE（日本国際ワークキャンプセンター）／HSBCグループ、国立青少年教育振興機構、陸前高田市教育委員会	東日本大震災で被災した陸前高田市の小学校、中学校、高校に対して、学校教育支援、課外教育支援、人材育成支援を実施した事業。
		こどもの急な病気ののりきり方冊子販売事業	(N)ノーベル／株式会社電通 関西支社おかんカンパニー	病気の子を持つ多くの母親の体験事例を読みやすく、ためになる冊子として編集し、発行・販売する事業。
		広島県東部海域里海保全事業	(N)瀬戸内里海振興会／ラボテック株式会社、山陽建設株式会社、浦島漁業協同組合、広島県商工労働局雇用基金特別対策プロジェクト・チーム、広島県農林水産局水産課	瀬戸内海でのアサリ漁獲量減少に悩む漁協と、「里海」の環境保全・再生を目指すNPOが連携した、アサリ資源回復のため干潟の機能回復事業。

4） 評価指標の変遷

〈パートナーシップ評価（協働事業推進のための指標）〉　PSC／岸田眞代　2000

「パートナーシップ大賞」評価シート＜旧＞

Ⅰ．協働事業を始めるに当たって　　　　　　　　　　　　　　　　　　　　（協働の開始　　年　　月　～）

1. 何を実現したいか（目的・ミッション）	
・協働事業でめざすものは何か ・それはそれぞれの組織のミッション（使命）にどう合致しているか	
2. そのために自分に足りないものは何か　（自己分析・自己評価）	
・自分および自分の組織にとって、事業推進に欠けているもの	
3. 相手に何を求めるか。その役割分担は？（補完役割期待）	
・相手の人・組織がカバーしてくれそうなもの 相手にとってのメリットは何か	

4. 相手を選ぶ基準は何か（優先順位）　　　　　　　…これらの中から細目を選び上位5位までを記入してください。

（組織）	・知名度・実績・資金力・ネットワーク ・リーダーシップ・コミュニケーション能力 ・マネジメント能力・感性・動員力	1. 2.
（情報）	・情報発信力・情報収集力	
（技術／技能）	・専門性・商品力・サービス力・開発力 ・企画力	3.
（仕事）	・確実性・速さ・美しさ・安定性	4.
（その他）	・（　　　　　　　　　　　　　　　） …自由に細目をつくって下さって結構です。	5.

Ⅱ．協働事業評価　　　　　　　　　　　　　　　　　　　（協働事業終了　　年　　月　　日／現在進行中）

1. 目的達成度（目標は明確であったか）	例（×3＝　　）	小計（　　　　　　　　　　）
① 協働で何が実現できたか。　　　　　　　　　　　［実現の度合い］		5　4　3　2　1
② それはそれぞれの組織のミッション（使命）にどう合致しているか　　　　　　　　　　　　　　　　　　　［合致度］		5　4　3　2　1
③ 外部に対してどんな影響を与えたか。　　　　　　　［影響度］ 　どんな「評価」を下されたか。		5　4　3　2　1
2. 自己満足度	例（×1＝　　）	小計（　　　　　　　　　　）
① それぞれ足りない（かった）ものを埋めることができたか。　　　　　　　　　　　　　　　　　　　　　　　［補完度］		5　4　3　2　1
② それぞれにとって前進（成長）したといえるか。 　　　　　　　　　　　　　　　　　　　　　［成長の度合い］		5　4　3　2　1
③ それぞれプロセスを楽しめたか。　　　　　　　　　［愉快度］		5　4　3　2　1
3. 役割期待度（役割分担は明確であったか）	例（×2＝　　）	小計（　　　　　　　　　　）
① それぞれどんな役割分担をしたのか。それは十分だったか。　　　　　　　　　　　　　　　　　　　　　　　［分担感］		5　4　3　2　1
② 互いにカバーした（できた）か。　　　　　　　［助け合い度］		5　4　3　2　1
4. 発展性	例（×2＝　　）	小計（　　　　　　　　　　）
① 新たな発展の可能性を見つけることができたか。 　　　　　　　　　　　　　　　　　　　　　　　　　［発展性］		5　4　3　2　1
② 次の事業を具体的に計画できる（た）か。継続できるか。 　　　　　　　　　　　　　　　　　　　　　　　　　［継続性］		5　4　3　2　1

総合得点…	／100
上記（　）内は各自で（×1～×3の範囲で）比重を決めてくださって結構です。	／50

自由記述欄　　　　　　　　　　　…この評価に関するご意見など、何でも結構ですので下記にご記入ください。

〈「パートナーシップ大賞」自己評価シート（最新概要）〉

		協働事業名			
		NPO名			
		企業名			
		記入者		記入日	

			テーマ	自己評価 5 4 3 2 1	記入者コメント
目標設定	1	事業で目指すものは明確だったか	目標設定	5 4 3 2 1	
	2	ミッションに合致しているかどうかを考慮したか	ミッション	5 4 3 2 1	
	3	パートナーに期待するもの（こと）は明確だったか	自己評価・相手役割	5 4 3 2 1	
	4	パートナーのメリットを認識できていたか	他者認識	5 4 3 2 1	
	5	協働事業の受益者を把握していたか	社会認識	5 4 3 2 1	
経過	6	事業の進捗を把握できているか	マネジメント	5 4 3 2 1	
	7	十分な危機管理を行っているか	危機管理	5 4 3 2 1	
	8	相互に協働のプロセスを愉しんでいるか	愉快度	5 4 3 2 1	
	9	パートナーは十分に役割分担を果たしているか	役割分担	5 4 3 2 1	
	10	協働事業について記録・協定書等はあるか	エビデンス	5 4 3 2 1	
事業結果	11	当初の目標は達成できているか	目標達成	5 4 3 2 1	
	12	それぞれのミッションに合致しているか	合致度	5 4 3 2 1	
	13	相互に不足しているものを補完できているか	役割補完	5 4 3 2 1	
	14	それぞれの組織が成長できているか	成長度	5 4 3 2 1	
	15	新たなネットワークをつくることができているか	ネットワーク	5 4 3 2 1	
インパクト	16	受益者に満足を与えることができていると思うか	受益者満足度	5 4 3 2 1	
	17	地域や社会に新たな「気づき」を与えられているか	気づき	5 4 3 2 1	
	18	先駆性・独自性に富んだ事業であるか	先駆性	5 4 3 2 1	
	19	第三者による高い評価を得たか	インパクト	5 4 3 2 1	
	20	新たな発展の可能性を見つけられているか	発展性	5 4 3 2 1	
備考					

2. 企業＆NPO協働アイデアコンテスト
1) これまでの応募数

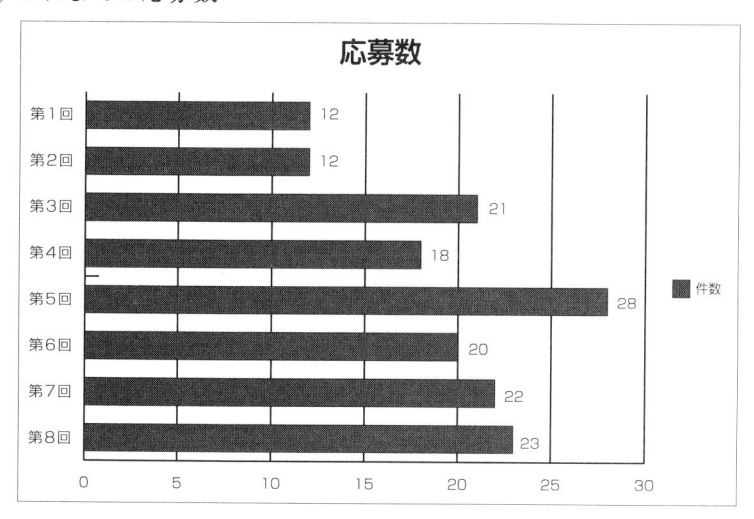

応募数

回	件数
第1回	12
第2回	12
第3回	21
第4回	18
第5回	28
第6回	20
第7回	22
第8回	23

協働をより広く進めていくために2006年度より継続実施している本コンテストへのこれまでの応募総数は144件。中部広域9県の全域からの応募へと拡がっています。

2) 受賞団体・テーマ一覧

協働の活性化をメインテーマとする本コンテストでは①CSR推進度、②協働事業案としての完成度、③社会に与える影響度、④実現の可能性と発展性、の4つの観点から審査され、最優秀賞以下、毎年5団体が表彰されています。

回	賞	NPO名	事業名
第1回	最優秀賞	(N)Work-Wack パートナーズ	Wach Campus
	優秀賞	名古屋大学大学院環境学研究学科竹内研究室	名チャリ・プロジェクト
	特別賞	夢育プロジェクト	夢Make（ユメイク）プログラム
	奨励賞	(N)ボラみみより情報局	ボランティア登録システムによるマッチング事業
		(N)ドリーム	名古屋駅前エレベータマップ
第2回	最優秀賞	(N)長野サマライズ・センター	コールセンターを活用した、情報仲介業
	優秀賞	(N)交流ネット	日系ブラジル人直接採用マッチングフェア
	特別賞	アレルギーっこのつどい「クリスマスローズ」	アレルギー認知upキャンペーン
	奨励賞	(N)交通事故サポートプログラム	交通事故被害者の包括的サポート事業
		(N)ウェザーフロンティア東海	気象情報を活用した風水害の減災シミュレーションの開発事業

回	賞	NPO名	事業名
第3回	最優秀賞	(N)全国福祉理美容師養成協会	訪問理美容用シャンプー台開発、販売事業
	優秀賞	(N)セカンドハーベスト名古屋	食料品関連企業とのフードバンク協働事業
	特別賞	(N)ぎふNPOセンター	使用済みペットボトルキャップの岐阜県内再資源化事業
	奨励賞	(N)武豊文化創造協会	地球とこころに優しい環境アート「ゆめホタル」を用いた、環境行動啓発事業
		(N)みえきた市民活動センター	メンバーズプロジェクト－大企業が、地域の一員として、地域の課題を解決する－
第4回	最優秀賞	Momstart Club	なごや飯で赤ちゃん食育
	優秀賞	(N)花＊花	知的障がい者の独創性あふれた文字・イラストの広告ノベルティへの活用
	特別賞	八幡酒蔵工房	世界の都市と日本の重要文化的景観第1号をつなぐPJ（プロジェクト）
	奨励賞	(N)宇宙船地球号を救う会	未来の「地球」を救う自動飲料販売機、販売事業
		(N)食・尾張プロジェクト	地産地消と新しい尾張きしめんの推進事業
第5回	最優秀賞	(N)近江八幡市中間支援センター	外来魚を利用した『沖島よそものコロッケ』の開発、販売
	優秀賞	育児ひろばアプリコット	親子ひろば in 住宅展示場
	特別賞	(N)悠遊くうかん木海香の里	ヒノキ間伐材を活用した滞在型キットハウス建設
	奨励賞	(N)魅惑的倶楽部	Red Ribbon Brand
		Social Guide	ウェルカム・インフォメーション
第6回	最優秀賞	持続可能な松本平創造カンパニーわおん♪	CMによるNPOの広報力アップおよび地域活力の見直し事業
	優秀賞	(N)障がい児者、高齢者を癒し支援する会	障がい児者の無心な絵画のリース並びに商業意匠としての活用事業
	特別賞	(N)名古屋青少年活動支援ネット	障がい者自立支援のための新規雇用創出事業
	奨励賞	(N)クローバ	岐阜プレママフェスタ（岐阜のプレママのためのイベント展示会）
		FS中部／親子のふれあいと絆を大切にする会	ビジテーションサービス
第7回	最優秀賞	(N)ジョイフル	若者就労支援施設「おもちゃ箱のレストラン」（仮称）新設協働プロジェクト
	優秀賞	なごや外来種を考える会	「守れ！ナデシコちゃん」
	特別賞	ママのホンネ研究所	「つながりカフェ」でご近所力アップ！～地域と多世代の顔の見える関係作り～
	奨励賞	平日くらぶ	僕らのフリースタイルラーニング（多様な学び場）
		すごろく研究所	中高生のまちづくり活動アイデアコンペ実施事業

3）これまでの調査等実績

　NPOと企業の協働、NPOの雇用状況、NPOの企業人受け入れ、企業のCSRやNPOへのインターンシップの可能性など、独自の視点で幅広い調査を実施。協働事業の推進に向けた課題と改善策の提言を行っています。

年度	調査・研究テーマ	概要	アウトプット
1993	NPOアメリカ視察（西海岸）	NPOスタディツアー（NPO推進フォーラム主催）に参加。	
1996	アメリカ・パートナーシップ・スタディツアーⅠ〜サンフランシスコ・ニューヨーク	㈲ヒューマンネット・あい（岸田）主催。日本太平洋ネットワーク協力。中部を中心に企業人9名で実施。	「企業とNPOのパートナーシップを学ぶ訪米ツアー記録集」(96.11)
1997	アメリカ・パートナーシップ・スタディツアーⅡ〜アトランタ・デトロイト	PSC主催。日米コミュニティ・エクスチェンジ協力。企業・NPO・行政10名で実施。	「企業とNPOのパートナーシップⅡアトランタ・デトロイト編」(98.6)
1998	中部社会貢献企業視察	トヨタの森見学、トヨタフォレスタヒルズ・トヨタボランティアセンターのお話し、炭焼き	
1999	中部社会貢献企業視察・研究	日本ガイシ「NGK International House」視察	
	アメリカ・パートナーシップ・スタディツアーⅢ〜サンフランシスコ・ワシントンDC	PSC主催。全国より参加の企業・NPO・行政13名で実施。	「評価とインターミディアリー〜企業＆NPOパートナーシップ」(2000.3)
2000	パートナーシップ事例調査	企業とNPOのパートナーシップ事例を調査し、「パートナーシップ評価シート」を作成。	企業＆NPOのためのパートナーシップガイド（2001.3)
	アメリカ・パートナーシップ・スタディツアーⅣ〜ワシントンDC・ニューヨーク	PSC主催。12名で実施。シンポジウム「NPO評価と企業評価」（ワシントンDCとニューヨーク、名古屋、東京）開催。	NPO評価と企業評価―その社会的責任―(2001.3)
2001	企業＆NPOマッチング意向調査	企業・NPOへのアンケート及びヒアリング調査を実施。	（愛知県委託事業）報告書・普及用ガイドブック
	ボランティア受け入れ団体へのアンケート・ヒアリング調査	企業人のボランティアを受け入れるNPO・ボランティア団体の実態把握として、アンケート調査とヒアリング調査を実施。	報告書
	風致地区制度見直検討研究会	風致地区制度の見直しを考えるために、検討委員会を開催。	報告書
	一宮NPO聞き取り調査	「『繊維のまち一宮』新旧住民による共育・共創プロジェクト」と題し、一宮で子育て問題に取り組むNPO、ボランティアグループへの調査を実施。	報告書
2002	NPO雇用状況調査	NPOの「雇用の受け皿」としての可能性を探るためにアンケート調査とヒアリング調査を実施。課題と解決の条件を明らかにした。	報告書
	「ボランティア体験プログラム」づくり	勤労者マルチライフ支援事業の一環として、地震を想定した「災害ボランティア体験」を取り上げ、実施に向けての実行員会を立ち上げた。	「あなたの仕事、災害時に活かせますか？」災害ボランティア体験マニュアル
	ドラッカー財団・環境NGO訪問	パートナーシップ大賞の報告と意見交換を目的に、ニューヨークのドラッカー財団を訪問。協働事業評価の手法などについて意見を交わす。	「NPOと企業―協働へのチャレンジ」に収録

年度	調査・研究テーマ	概要	アウトプット
2003	防災と環境に関する企業と地域のパートナーシップ	地震を想定した企業や地域における取り組みを、交通や緑化などの環境問題を絡めながら、刈谷地区を中心にヒアリング、ワークショップ、講演会などを実施。	「企業と地域住民の協働による"環境と防災"の地図作成事業　報告書および地図・写真集」
2004	CSR 取材調査	CSR（企業の社会的責任）が社会的関心を集める中、早くから注目してきたPSCとして、アメリカおよびヨーロッパへの調査取材を実施。	「NPOからみたCSR－協働へのチャレンジ」に収録
2004	生涯学習におけるNPO支援事業	NPOにとって生涯学習分野で何ができるのか、またNPOへの支援策としてどうすべきかを検討する委員会を設置。特別講座なども開講。	報告書「NPOは生涯学習分野で何ができるのか?」、パンフレット「NPOで生涯学習!」
2004	シニアによる社会貢献活動受け入れ調査事業「シニアによるNPO調査」	NPOにおけるシニアボランティアの受け入れについての実態を把握するためにヒアリング調査（NPO50件）を実施。	報告書「シニアによる社会貢献活動受け入れ先調査」
2005	シニアによる企業インターンシップ調査	企業におけるシニアボランティアの受け入れについての実態を把握するためにヒアリング調査（企業50件）を実施。	報告書「シニアによるインターンシップ調査～企業が考える社員の社会貢献活動」
2006	企業の環境活動等への取り組みに関する調査・分析	企業の環境とCSRに関する取り組みを中心に分析し、企業とNPOの意見交換会を実施。	報告書
2006	インターンシップ仕組みづくり検討委員会	「企業からNPOへ」のインターンシップを進めるため、合同検討会を設置し、手引書づくりを行った。	「インターンシップ手引書」
2007	企業の環境活動等への取り組みに関する調査・分析Ⅱ	NPOの視点から企業の環境への取り組みや社会的責任についての経年変化を分析。NPOが企業の環境・CSR活動に関わる意義と役割を明確にした。	報告書
2008	企業の環境・CSR活動等に関する調査・分析および促進へ向けたアプローチ・ツールの検討Ⅲ	CSR報告書・環境報告書（100社）を分析し、経年変化を把握。企業の環境活動やCSRの促進へ向けたアプローチ・ツール等を作成するための意見交換会も実施。	報告書
2008	企業とNPO等との協働による環境活動促進意向調査	協働による環境活動の活性化のため、アンケート調査・ヒアリング調査を実施し、課題と対応策について取りまとめた。2001年度との調査比較も実施。	報告書、普及版ガイドブック
2009	「中小企業における環境・CSR推進のための実態調査」～人づくりの観点から～	環境技術の人づくりというCSRのプロセスを可視化し、次世代と中小企業へ伝えていくため、ヒアリング調査を実施。その活動の評価、情報共有を行い、改善点を提言した。	・報告書 ・「中小企業の環境経営～生物多様性の保全」（2010.3）
2010	NPO協働事例調査	NPOと行政、NPOと企業の協働についての実態を調査し、結果の分析、事例紹介とともに協働のさまざまなあり方や協働推進のための課題と提言をまとめた。	事例集（報告書）
2012	市民・行政・企業の協働による地域防災に関する実証研究	大規模災害の発生時、企業が住民の生活復旧のためにできることは何か。予め想定される地域住民のニーズを把握し、企業から提供可能なインフラ・便宜等を確認し、大規模災害時に有効に機能するようなプログラム（合意点≒共通意識）を見出した。	研究報告書「地域防災における企業の参画のあり方について～市民・行政・企業の協働による地域防災について～」

4）出版書籍

PSCが生み出したNPOと企業の協働評価「パートナーシップ大賞」。各回の受賞事例の詳細分析に最新のCSR事情を加え、書籍として発表している。

タイトル	内容	発行年／出版社
「NPOと企業－ 協働へのチャレンジ」	NPOと企業の協働の進め方を、第1回パートナーシップ大賞受賞事例をもとに解説。事業の評価に役立つ分析シートつき。	2003年1月 同文館出版 （2,100円）
「NPOからみたCSR－協働へのチャレンジ」	企業の社会的責任(CSR)とは何か。アメリカ取材(ボストン、ミネアポリス)報告をもとに、日米におけるNPOと企業の新しい関係を解説。第2回パートナーシップ大賞受賞事例の詳細を紹介。	2005年2月 同文館出版 （2,415円）
「企業とNPOのパートナーシップ－CSR報告書100社分析」	企業100社のCSR報告書を分析し、地域でNPOとどう関わっているかを分析。第3回パートナーシップ大賞受賞事例と評価シートも付記。	2006年6月 同文館出版 （2,310円）
「CSRに効く！─企業&NPO協働のコツ」	企業とNPOがベストパートナーになるために、うまくいくコツ、気をつけたいポイントなどをリアルケースから学べる。第4回パートナーシップ大賞受賞事例と審査プロセス・評価シートを紹介。	2007年10月 風媒社 （2,100円）
「点から線へ　線から面へ」	新たな時代、新たな社会に向けた企業とNPOの進化した関係とは！　最新リアルケースに学ぶ実践的CSR／NSRの現在！　第5回パートナーシップ大賞受賞事例他、全12のケーススタディを収録。	2008年11月 風媒社 （1,050円）
「中小企業の環境経営」	中小企業に焦点を当て、環境保全・教育・資源の循環や利用活用といった広い意味での地域貢献と社会的責任（CSR）に関わる活動の事例を紹介。	2010年4月 サンライズ出版 （1,260円）
「NPOと企業 協働の10年 これまで・これから」	第6回パートナーシップ大賞受賞事例他、全11事例を紹介。過去のグランプリ受賞者が一堂に会したPSC創立10周年記念シンポジウムにて、授賞その後を語り合った模様も収録。協働の歴史がつまっている1冊。	2010年11月 サンライズ出版 （1,470円）
「NPO&企業　協働評価　目指せ！パートナーシップ大賞」	第7回パートナーシップ大賞からNPOと企業の協働事例を紹介。第2部では、入賞を果たせなかった応募事業に対するコンサルティングの記録を収録し、「パートナーシップ大賞」入賞の評価ポイントを紹介。	2011年9月 サンライズ出版 （1,470円）
「NPO×企業　協働のススメ」	最終選考会に進んだ6事業と現地でヒアリングをした事業を併せ11事例を紹介。質の高いＮＰＯと企業の協働のきっかけやそのプロセス、成果などを詳しく掲載。第2部は、「協働コーディネーターのススメ」と題し、協働コーディネーターを志す多くの方に役立つ内容となっている。	2012年12月 サンライズ出版 （1,470円）

第Ⅲ部

データで見る
第9回日本パートナーシップ大賞

第1章 募集プロセスおよび応募事業一覧

1．第9回日本パートナーシップ大賞　募集プロセス

　募集は2012年6月1日から7月31日まで行い、広報はパートナーシップ・サポートセンターからのメール配信のほか、全国各地域のNPO支援センターにチラシ配架のお願いをし、併せてWEBサイト、メールマガジン、SNS、情報誌、日本NPO学会のメーリングリストなど多くの媒体の協力を得て実施。新聞各社を通じた広報も行いました。また、日本NPOセンター、NPOサポートセンター、日本NPO学会、愛知県、名古屋市、株式会社オルタナ、中日新聞社からの後援を受け、積極的な募集活動を展開しました。

　応募事業の選考を行う審査委員には、企業、マスコミ、NPOの各代表と第8回パートナーシップ大賞グランプリ受賞者、そして審査委員長は前回に引き続き中京大学理事・総合政策学部　教授の奥野信宏氏に就任いただき、パートナーシップ・サポートセンター代表理事を併せ計6名で構成しました。

【第9回 日本パートナーシップ大賞　募集要項】

(1) 趣旨
　NPOと企業の豊かな市民社会をめざし、協働を推進するために、2002年から始まった「パートナーシップ大賞」。今回で9回目を迎えます。この間、NPOと企業を中心とした多様な主体の協働は、社会のさまざまな課題解決に取り組み、新しい公共や協働社会の実現に寄与してきました。全国からご応募いただく事業へと成長してきましたが、さらに全国に向けて本事業の意義を発信し、協働を推進・拡大していくために、今回より名称を「日本パートナーシップ大賞」とすることとなりました。
　NPOと企業を中心に、協働で地域の課題に取り組んでいる全国の皆様、ぜひご応募ください。

(2) 各賞
■パートナーシップ大賞グランプリ　1事業……NPOに記念盾と副賞30万円、企業には記念盾を贈呈
　NPOと企業との協働の推進に極めて高く貢献し、顕彰するにふさわしい協働事業
■パートナーシップ賞　5事業……NPOに記念盾と副賞10万円、企業には記念盾を贈呈
　NPOと企業との協働の推進に高く貢献した協働事業

(3) 対象となる事業
　日本に所在するNPO（法人格の有無不問、以下同じ）と企業を中心に、行政・大学その他多様な主体による協働事業

(4) 応募条件
　①応募の時点で継続中および事業終了後１年以内のもの。自薦または第三者による推薦。ただし、どちらの場合も、NPOおよび企業双方の了解が得られていることを条件とします。
　　＊協働事業ごとの応募となりますので、複数の協働事業についてそれぞれ応募することも可能です。
　　＊事業所単位の応募も可能です。
　②過去の「パートナーシップ大賞」入賞事業を除きます。
　③応募事業については、事例集として作成する刊行物等に協働事業名、NPO名、企業名等を掲載させていただきます。

(5) 応募方法
　応募用紙を、PSCホームページからダウンロード（Word形式）し、必要事項をご記入の上、下記の「第９回日本パートナーシップ大賞」募集係宛にE-mailまたは郵送にてお送り下さい。事務局よりE-mailまたはFaxにて受付完了の連絡をいたします。応募用紙のダウンロードができない方は、下記までご相談ください。
　　＊ご応募いただいた資料は返却いたしません。

(6) 選考の流れ
　PSCによる「パートナーシップ評価」等に基づき第一次審査（書類）、現地調査、第二次審査を経て、最終審査により各賞を決定します。なお、審査の過程で、資料の提供ならびに取材をお願いする場合もあります。

(7) 審査委員
奥野　信宏（中京大学理事・総合政策学部　教授）
飯尾　歩（中日新聞社　論説委員）
森　摂（環境とCSRと「志」のビジネス情報誌「オルタナ」編集長）
東中　健悟（近畿労働金庫吹田支店　営業部門　店長代理）
　　　　※第８回パートナーシップ大賞グランプリ受賞企業
黒田かをり（一般財団法人CSOネットワーク事務局長・理事）
岸田　眞代（NPO法人パートナーシップ・サポートセンター　代表理事）

(8) スケジュール
募集期間　　　　2012年6月1日㈮～7月31日㈫18：00必着
第一次審査　　　2012年8月26日㈰
第二次審査　　　2012年10月28日㈰
最終審査＆表彰式　2012年12月1日㈯13：30～
　中京大学　０号館（センタービル）0603教室
　＊第二次審査を通過した事業は、当日プレゼンテーションを行っていただき、日本パートナーシップ大賞グランプリを決定いたします。

主催：特定非営利活動法人パートナーシップ・サポートセンター
後援：日本NPO学会　(N)日本NPOセンター　(N)NPOサポートセンター
　　　愛知県　名古屋市
　　　㈱オルタナ　中日新聞社
協賛：トヨタ自動車㈱　㈱デンソー　（公財）中部圏社会経済研究所　㈱ジェー・シー・エム　㈱アバンセコーポレーション
協力：中京大学

2．第9回日本パートナーシップ大賞　応募事業の分野

今回のパートナーシップ大賞には、33件の応募がありました。これらの分野別の内訳は以下の図表の通りです。分野については、応募の時点でそれぞれ応募者自身に選択していただきました。子ども向けに地域の文化を伝える事例などは、学術・文化・芸術・スポーツの振興の分野と子どもの健全育成の2つに分類されるなど、活動分野が複数の分野にまたがる事例も多く、延べ61件となっています。2012年4月に改正されたNPO法による活動分野20と東日本大震災関連事業を別に分類し、今回応募があったのは18分野となりました。

事業分野	件数	%
①東日本大震災関連	4	7
②保健・医療・福祉	7	11
③社会教育	4	7
④まちづくり	9	15
⑤学術・文化・芸術・スポーツの振興	5	8
⑥環境保全	5	8
⑦災害救援活動	1	2
⑧地域安全活動	2	3
⑨人権・平和	0	0
⑩国際協力	2	3
⑪男女共同参画	1	2
⑫子どもの健全育成	8	13
⑬情報化社会の発展	1	2
⑭科学技術振興	1	2
⑮経済活動活性化	2	3
⑯職業能力開発・雇用機会拡充	4	7
⑰消費者保護	0	0
⑱NPO支援	2	3
⑲観光振興	1	2
⑳農山漁村・中山間地域の振興	2	3
合　計	61	100

応募事業の分野で見てみると、一番応募が多かった活動分野は「まち

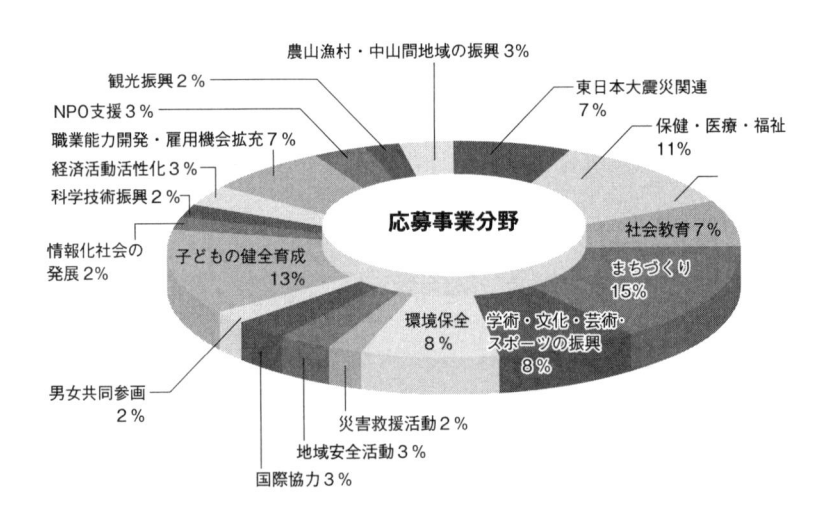

づくり」(15件)、次いで「子どもの健全育成」(13件)、「保健・医療・福祉」(11件)となりました。東日本大震災関連の協働事業は今回4件の応募がありました。震災直後の災害救援から、復興支援へとフェーズが進む中、主に関東地区の企業とNPOによる被災地支援活動が成果をあげていることにも注目が集まりました。

3．応募事業一覧

No.	協働事業名	分野	実施企業	実施NPO	地域
1	高齢者等賃貸住宅支援事業	保健・医療・福祉、地域安全	㈱タカハシ	(N)住宅支援びんごNPOセンター	広島
2	就労困難者の就労支援事業	職業能力開発・雇用機会拡充	㈱アイエスエフネット（アイエスエフネットグループ）	(N) Future Dream Achievement（フューチャードリームアチーブメント）	東京
3	HSBC子ども支援プロジェクト事業	東日本大震災関連、子どもの健全育成	HSBCグループ、国立青少年教育振興機構、陸前高田市教育委員会	(N)NICE（日本国際ワークキャンプセンター）	東京 岩手
4	揖斐川流域クリーン大作戦事業	環境保全まちづくり	(一社)揖斐建設業協会	(N)いびがわミズみずエコステーション	岐阜
5	駅の遊休地を活用した交流スペース運営事業	まちづくり、その他（駅の活性化）	京阪電気鉄道㈱大津鉄道部	企画舎　羅針盤	滋賀
6	弥生の土笛～二千年の時空を越えて今、蘇る	学術・文化・芸術・スポーツ、子どもの健全育成	下関商業開発㈱、山口大学埋蔵文化資料館	(N)子どもとともに山口県の文化を育てる会	山口
7	幼児向け防災えほんで子どもの命を守る事業	災害救援、子どもの健全育成	㈱二和印刷紙業	(N)かすみん	愛知
8	避難所体験会 in はつかいち事業	国際協力、その他（多文化共生）	石原工芸㈱	市民活動グループええじゃん	広島
9	文化財の整理とデータベース作成事業	学術・文化・芸術・スポーツ、社会教育	㈲ティーディードキュメント・サービス	(N)伊豆学研究会	静岡
10	高校生バンドバトル2011事業	学術・文化・芸術・スポーツ、子どもの健全育成	㈲ウィンディー Music studios & Café STAIRWAY 佐伯区役所	deneb プロジェクト	広島
11	ラベンダーグローブで小児がん患児支援事業	保健・医療・福祉	キンバリークラーク・ヘルスケア・インク	(N)チャイルド・ケモ・ハウス	神奈川 大阪
12	SDNの活用推進事業	科学技術振興、情報化の発展	日本電気㈱中央研究所	(N)国際情報科学協会	神奈川 兵庫
13	企業内健康づくり推進「ちょいトレ」事業	学術・文化・芸術・スポーツ、保健・医療・福祉	㈱富士通ITプロダクツ、石川県立看護大学、かほく市	(N)クラブパレット	石川
14	まちくさワークショップ事業	学術・文化・芸術・スポーツ、子どもの健全育成、環境保全	日本写真印刷㈱	(N)子どもとアーティストの出会い	京都

No.	協働事業名	分野	実施企業	実施NPO	地域
15	広島県東部海域里海保全事業	職業能力開発・雇用機会拡充、農山漁村・中山間地域の振興	ラボテック㈱、山陽建設㈱、浦島漁業協同組合、広島県	(N)瀬戸内里海振興会	広島
16	企業との連携で実現する障がい者支援事業	保健・医療・福祉	シャープ㈱、堺市	(N)トゥギャザー	大阪
17	つくえ、つくろう。事業	まちづくり、子どもの健全育成	㈱トイロ	(N)府中ノアンテナ	広島
18	留学生が担う地域観光ガイドコミニテイ事業	職業能力開発・雇用機会拡充、観光振興	㈱ジャッツ関西	(N)国際教育文化交流協会	大阪 兵庫
19	ニートの就職を支援「ホンキの就職」事業	職業能力開発・雇用機会拡充、社会教育	㈱リクルート	(N)「育て上げ」ネット	東京
20	未来につなぐふるさとプロジェクト事業	環境保全、その他（生態系の保全活動、地域の活性）	キヤノンマーケティングジャパン㈱	(N)共存の森ネットワーク (N)アサザ基金 (N)グラウンドワーク三島、野原村元気づくり協議会	東京 茨城 静岡 三重
21	障害者市民活動支援融資制度ゆめのたね事業	まちづくり、その他（障がい者NPO支援）	近畿労働金庫	(N)ゆめ風基金	大阪
22	日本の環境を守る若武者育成塾事業	まちづくり、その他（環境教育）	アサヒビール㈱	(公社)日本環境教育フォーラム	東京
23	まごコスメプロジェクト事業	まちづくり、経済活性化	万協製薬㈱、㈱相可フードネット「せんぱいの店」、多気町	(N)植える美ing	三重
24	介護福祉士ファーストステップ事業	保健・医療・福祉、社会教育	(社福)はなさきむら	(N)さつき	兵庫
25	ラブタカタラブジャパンプロジェクト事業	東日本大震災関連、まちづくり	ジャパンリカバリー㈱	(一社)SAVE TAKATA	東京
26	日本GE聴導犬育成支援プロジェクト事業	保健・医療・福祉	日本GE㈱バリアフリー・ネットワーク	厚生労働大臣指定法人社会福祉法人日本聴導犬協会	東京 長野
27	空と土プロジェクト事業	まちづくり、農山漁村・中山間地域の振興	三菱地所㈱	(N)えがおつなげて	東京 山梨
28	ひさいちのうぎょうふっこうしえん事業	東日本大震災関連	インフォコム㈱	(N)がんばッと！！玉浦	東京 宮城
29	防災防犯メルマガ広告事業	地域安全	㈱位下印刷、㈱中越クリエイティブ	(N)住民安全ネットワークジャパン	新潟
30	TABLE FOR TWO事業	子どもの健全育成、国際協力	オイシックス㈱	(N)TABLE FOR TWO International	東京
31	人の心を繋ぐ里山活動支援事業	環境保全、NPOの連絡・助言・支援	中越パルプ工業㈱	(N)里山保全再生ネットワーク	東京 長野
32	こどもの急な病気ののりきり方冊子販売事業	子どもの健全育成、男女共同参画	㈱電通 関西支社	(N)ノーベル	大阪
33	ご当地グルメ東北6県ROLL復興支援事業	東日本大震災関連、経済活性化	㈱イヌイ	(一社)東の食の会	東京

第2章 審査プロセスおよび評価方法

「第9回日本パートナーシップ大賞」の審査は下図のようなプロセスを経て行われました。

1．第一次審査

　第一次審査では、応募書類や添付資料等に基づき、書類審査を行いました。協働事業の概要と成果、NPOと企業それぞれの組織について、1事業ずつ審議します。事業内容については、目標設定、先駆性、協働度、達成度、成長度、インパクトの6項目について、各項目5点満点の5段階評価で点数化しました。

　6名の審査委員は、それぞれ全書類に目を通した上で、予め採点しますが、調査スタッフの意見を参考にしながら、各事業から送られた添付資料などに目を通し審査を行いました。慎重に議論を重ねた結果、今回は10事業について現地調査を行うことに決定しました。（10事業については本書第1部参照）

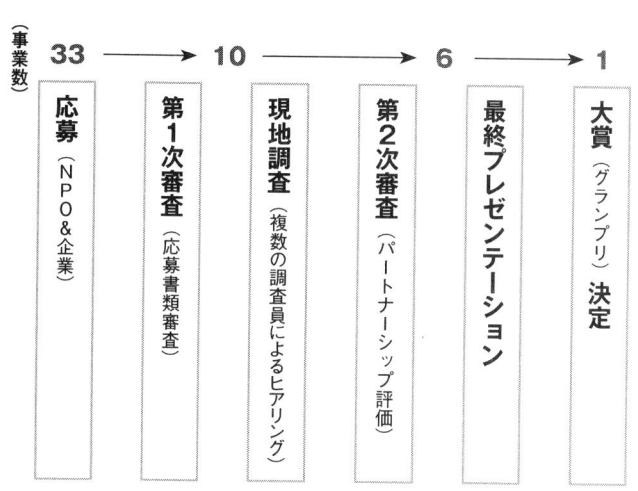

（事業数）　33 → 10 → 6 → 1

応募（NPO＆企業） → 第1次審査（応募書類審査） → 現地調査（複数の調査員によるヒアリング） → 第2次審査（パートナーシップ評価） → 最終プレゼンテーション → 大賞（グランプリ）決定

「パートナーシップ大賞」評価活動（決定まで）の流れ

2．第二次審査

　第一次審査を通過した10事業について、10名の調査スタッフが、それぞれ2名ずつ現地に入りました。NPO・企業双方に対し、個別に取材調査をしました。それぞれ「自己評価シート」に記入してもらった後、ヒアリングをし、調査員2名が合意の上で「調査員用評価シート」（いずれもPSC作成*）を作成しました。

　評価項目は、(1)目標設定　(2)経過　(3)事業結果　(4)(社会への)インパクトの4つのフェーズで、計20項目で構成されています。

(＊上記2種の評価シートは、すでに出版している『NPOと企業』等に掲載)

　こうして調査スタッフによってまとめられた全10事業の評価結果を、二次審査委員会前日の運営委員会に持ち寄りました。評価レベルのすり合わせを行い、過去の受賞事例との類似性、同分野における事業の先駆性、協働の対等性、事業分野や規模、地域などを総合的に勘案して、翌日開催の審査委員会に調査スタッフ案として提出しました。

　第二次審査委員会では、調査スタッフによる調査報告をもとに、審査委員により10事業すべてについて、ひとつずつ協働の度合や事業の成果、さらには社会に与えた影響、今後の可能性など、丁寧に審議を行い、最終審査に進む上位6事業を選出しました。

3．最終審査

　最終審査は12月1日(土)、中京大学0号館(センタービル)0603教室(名古屋市昭和区)にて行われました。

　第二次審査を通過した6事業について、企業とNPO双方の代表者が、1事業あたり15分間のプレゼンテーションを実施。それぞれの団体・企業の特徴を活かし、工夫を凝らしたプレゼンテーションはハイレベルな戦いになりました。最終審査は、第二次審査までの得点(160点満点)にこの最終プレゼンテーションの40点が加算され、計200点満点として評点がつけられました。

1) 聴衆による「参加者評価」

　最終審査の特徴は、会場の聴衆による「参加者評価」を行う点です。審査の公開性を高めると同時に、協働事業を評価する際の基準や方法に

ついても、参加者に提起して考えていただく機会として、今回も実施しました。

　会場で全6事業の最終プレゼンテーションを聞いた参加者による評価は、事業内容と発表・表現力の各5段階評価の計10点満点の得点をつけた上で「あなたが選ぶグランプリ」1つを投票していただきました。この参加者評価はすぐさま集計し、本審査において審査委員に参考情報として提供されました。

2）グランプリの決定

　参加者評価を考慮しつつ、審査委員による厳正な協議を経て、「第9回日本パートナーシップ大賞」グランプリは、NPO法人植える美ingと万協製薬株式会社、株式会社相可フードネット「せんぱいの店」及び多気町による協働事業「まごコスメプロジェクト」事業が選ばれました。三重県多気町の高校生NPO「植える美ing」と地元企業「万協製薬」による真剣勝負の協働で、地元産品を使った「まごころ」ブランドのスキンケア商品を開発・販売。そのストーリーに感動した取引先企業へと協働の輪が発展して、現在の商品ラインナップは5商品となっています。高校生NPOの成長と企業の気づき、生徒と大人の誠意あふれる協働実践が、多気町に夢と活気を与えています。

　最終審査は、審査委員全員の合計点に、最終プレゼンテーションと会場評価を加味し、審査委員それぞれの視点による議論が展開された結果、僅差ながら満場一致でグランプリが選出されました。

　なお、グランプリ以外の5事業には「パートナーシップ賞」が贈られました。「パートナーシップ大賞グランプリ」ならびに入賞のNPO、企業のそれぞれに記念盾が贈られたほか、副賞としてNPOに賞金（「グランプリ」は30万円、「パートナーシップ賞」は各10万円）が贈呈されました。

　また今回は、特別賞として「空と土プロジェクト」事業に中日新聞社賞、「ニートの就職を支援『ホンキの就職』」事業にオルタナ賞が贈られました（オルタナ賞を受賞したNPOと企業には、それぞれ副賞として『オルタナ』年間購読10人分が贈られました）。

『第9回パートナーシップ大賞』グランプリと入賞6事業

賞	協働事業名(応募地域)	NPO／企業	解説
グランプリ	まごコスメプロジェクト事業（三重県）	(N)植える美ing	三重県多気町の高校生NPO「植える美ing」と地元企業「万協製薬㈱」が、真剣勝負の協働で、地元産品を使った「まごころ」ブランドのスキンケア商品を開発・販売。そのストーリーに感動した取引先企業へと協働の輪が発展して、現在の商品ラインアップは5商品。高校生NPOの成長と企業の気づき、生徒と大人の誠意あふれる協働実践が、多気町に夢と活気を与えている。
		万協製薬㈱、㈱相可フードネット「せんぱいの店」、多気町	
パートナーシップ賞	HSBC子ども支援プロジェクト事業（東京都・岩手県）	(N)NICE（日本国際ワークキャンプセンター）	国際ボランティアをコーディネートするNPO、国際的な金融機関、教育支援機構、教育委員会が連携し、東日本大震災で被災した陸前高田市の小学校、中学校、高校に対して、学校教育支援、課外教育支援、人材育成支援を実施。学校教育支援では、市内全校に対して教育奨学金を提供し、課外教育支援では、英語での子どもキャンプを開催し、人材育成支援では、高校生を海外のワークキャンプに派遣。
		HSBCグループ、国立青少年教育振興機構、陸前高田市教育委員会	
	広島県東部海域里海保全事業（広島県）	(N)瀬戸内里海振興会	瀬戸内海でのアサリ漁獲量減少に悩む漁協が、「里海」の環境保全・再生を目指すNPOと連携し、アサリ資源回復のため干潟の機能回復事業を行った。NPOは土木指導、水産指導の専門性を持つ企業2社と協働し、1年間で約88000㎡の人工干潟を整備した。その結果アサリの成育が確認された。引き続き調査を実施中で、来春の収穫が大いに期待されている。
		ラボテック㈱、山陽建設㈱、浦島漁業協同組合、広島県商工労働局雇用基金特別対策プロジェクト・チーム、広島県農林水産局水産課	
	ニートの就職を支援「ホンキの就職」事業（東京都）	(N)「育て上げ」ネット	企業がもっていた既卒者やフリーター対象の就職支援プログラムを、就活に踏み出せないニート層へ提供した事業。ニート層の自立支援にあたるNPOの助言を得てプログラムを改訂する等、企業がもつ就職支援の知見とNPOがもつ自立支援の知見を組み合わせ、実効性の高いプログラムを開発。プログラムを公開し、運営講師の無償養成も行うことで、北海道から沖縄まで21団体の公益法人と連携し、27拠点で提供している。
		㈱リクルートホールディングス	
	空と土プロジェクト事業（山梨県・東京都）	(N)えがおつなげて	都市と農山村をつなぐプロジェクトとして2008年にスタート。過疎化・高齢化が進み、年々増加する耕作放棄地や放置されたままの森林が極限まで進行した山梨の限界集落。その限界集落と東京丸の内を結び、開墾による農地再生、間伐材の活用による製品開発、再生農地での農業体験、そこで生産された米を使った純米酒の開発、間伐材の建材活用など、都市と農山村を結ぶ幅広い活動が、具体的成果につながっている。
		三菱地所㈱	

賞	協働事業名（応募地域）	NPO／企業	解説
パートナーシップ賞	こどもの急な病気ののりきり方冊子事業（大阪府）	(N)ノーベル	ノーベルの「仕事をもつ母親が子どもの病気を理由に仕事を辞めざるをえない状況を何とか打破し、男女共同参画社会を実現したい」との思いと、㈱電通関西支社内に発足した「おかんカンパニー」の目的が合致し、多くの母親の体験事例を読みやすく、ためになる冊子に編集し、発行・販売している事例。多くの共感を集め社会的評価を得ている。
		㈱電通 関西支社 おかんカンパニー	

特別賞（中日新聞社賞）

空と土プロジェクト事業	(N)えがおつなげて
	三菱地所㈱

特別賞（オルタナ賞）

ニートの就職を支援「ホンキの就職」事業	(N)「育て上げ」ネット
	㈱リクルートホールディングス

3）総評

　大変楽しく有意義な半日となりました。本年度のパートナーシップ大賞には、全国から33の応募がございました。審査員と運営委員が一緒になりまして10事業を最初に選定させていただき、運営委員の方が現地調査に行かれました。

　資料を参考に6事業に選定させていただいて今日にいたるということです。

　今年は例年以上に中身の濃い応募が多数あり、選定にはたいへん苦労しました。本日もたいへんな僅差でございました。

　この賞は、NPOと企業のパートナーシップの賞で、それが地域を元気にし、社会を元気にし、新しい日本をつくるのだということだと思います。「まごコスメプロジェクト」事業はまさにそれにふさわしい事業であったと感じております。ソーシャルビジネス、コミュニティビジネスの典型だと思います。高校生のみなさんが関わっていらっしゃって豊富なアイデアが詰まっていて素晴らしいと思います。

　私は経済学を専門にしておりまして政府の成長戦略はたいへん意義があると理解しておりますが、こちらは西洋医学だと思っております。一方、NPOと企業のパートナーシップは東洋医学みたいなものだと思います。

皆さんの活動がじわじわと効いてくると思います。ここに全国から集められた企業とNPOの交流の場があるということは本当に素晴らしいことだと思います。こういう場をひとつの励みにしていただいてこれからもますます活動に励んでいただきたいと思っています。
（奥野信宏・審査委員長あいさつから）

4．ミニ講演会「第7回パートナーシップ大賞グランプリ受賞その後」
「協働で学んだこと、そしてこれから……」

特定非営利活動法人長野サマライズ・センター
事務局長　小笠原恵美子 氏

　第7回パートナーシップ大賞グランプリをいただいた「モバイル型遠隔情報保障システム事業」は、筑波技術大学さん、ソフトバンクモバイルさんとの協働事業です。聴覚の障がいのある子どもの教育現場において、携帯電話を通じて、離れたところから先生の声などを支援者が文字にして情報を保障するシステムです。

　私たちのプロジェクトの目的である「教育現場における聴覚障がい児の支援」に、この遠隔システムを広く活用してもらうために、私たちは全国の聴覚障がいを支援する組織に伺い、学校で実際に体験できる講習会を開催し、また支援者の養成や大学生ボランティアの養成などにも取り組んできました。

　ソフトバンクモバイルさんでは、グループ会社においてこの遠隔システムを利用した聴覚障がいを持つ社員さんへの情報提供が定着しました。それまでは手書きやパソコンを使うことで、同僚の誰かの時間が犠牲になることに抵抗があり、あまり積極的に研修や会議に参加しなかった聴覚障がいの方々が、このシステムを利用することでこの数年爆発的に参加の回数や人数が増えたと、人事の方から喜びのご連絡をいただきました。また、朝日新聞社東京本社とは、毎月定常的に聴覚障がいの方向けの見学ツアーが実現し、その文字通訳も担当させていただいております。また東日本大震災のあと、当法人からの呼び掛けで、この遠隔システムを応用し、全国の支援者のために字幕のついていないニュースをネット上に配信しました。一時はサーバーがパンクしてしまうほどの反応をいた

だきました。阪神大震災を経験した聴覚障がいを持つ高齢者の方からは、「本当にありがたい時代になったと思う。」というご感想のメールをいただきました。また、筑波技術大学でも、被災地の大学に通う聴覚障がいの学生の授業支援を行うため、遠隔システムを使って大学同士で支援を行う体制が創られました。パソコンが使えるだけでは、災害が起きても何もできない私たちですが、最新の技術を有効的に活用すればできる支援があることが確認できる良い事例となりました。

プロジェクトはパートナーシップ大賞受賞の3者を越えて発展しています。日本で雇用率が最低の沖縄の現状を何とかしたいと起業されたアイセックジャパンさんや、組み込みソフトウエアなどの開発メーカーであるアヴァシスさんとは、協力体制をとっています。さらに、こんな地方にある弱小NPOにさまざまな企業さんからお声をかけてくださることに非常に驚いています。ひとつでもお役に立てるように取り組ませていただこうと考えております。

さて、大賞をいただいた3者の協働は、NPOにノウハウがなかったために、プロジェクトのスタート時はゴールをきちんと想定した協働のマネジメントもガバナンスも不充分であり、相手方のやりたいことと自分たちのやりたいことの重なる部分を見つけることからスタートしました。その重なりがあっても、時間が経つとお互いの想いや当初の担当者、共有できるポイントも変わっていきました。現在着陸地点をどこに持ってくるか3者で協議中です。どうしたら継続できるのかが今後の課題です。この経験を活かして、再度またパートナーシップ大賞にエントリーできるようになりたいと願っているところです。

また、これまで計7回の「協働アイデアコンテスト」のうち、私たち含め3回も長野県塩尻市のNPOが最優秀賞をいただいております。地方の弱小NPOたちで個々の力は小さいかもしれませんが、この結果を励みにどんな業種の企業に声をかけていただいても協働事業につなげられるような、地域としての体制を創って行きたいと新たな野望を持って地域の仲間との活動も開始しています。最後に、その仲間が作ってくれたCMをお見せして終わりたいと思います。

5.「第9回パートナーシップ大賞」を終えて

　本日は楽しいプレゼンテーション、心温まる感動の内容、ありがとうございました。皆さまにはどのように届いたでしょうか。

　この事業をこれまで9回続けてきて、自分で言うのもなんですが、本当に心の底からよい事業だと思っております。先ほど、万協製薬の松浦社長がおっしゃってくださったように、NPOと企業が協働していくことは、日本に新しい社会をつくるひとつのきっかけになるのではないかと、本当に思います。ずっと長く続いていけばいいなと思っているところです。

　私自身、全国で、パートナーシップ大賞のグランプリ事業をはじめ、入賞事業などお話しをさせていただくことが本当に多くなってきているのですけれども、9回を数え、その数がどんどん増えてきて、最近では全部を紹介しきれなくなっております。

　そういう意味で、ぜひ「パートナーシップ大賞」を愛してくださる皆さまにも、外で販売しております「パートナーシップ大賞」の事例集をお読みいただいて、大いに全国に広げていただければと期待しているところです。

　本事業を育てていくためには、我々だけでは力が足りません。全国の皆さまの応援を心からお願いしたいと思っております。

　今回ご協力いただきました、協賛企業の皆さま、後援してくださった皆さま、そしてなにより本日この会場を提供してくださいました中京大学、奥野先生をはじめ、会場にお越しいただいた皆さまに、心から感謝申し上げたいと思います。

　そして、心温まる内容をいっぱい詰め込んで、パワーポイントをつくってくださったり、またNPOと企業で何度もリハーサルをされたり、本当に力を尽くしてくださった6つの各事業の皆さまに、心から感謝を申し上げて、最後の締めくくりとさせていただきたいと思います。

　本日はありがとうございました。

（岸田眞代・主催者代表閉会あいさつから）

■筆者紹介（50音順）

面高　俊文　Omodaka Toshihumi
　パートナーシップ・サポートセンター監事。立教大学経済学部卒。日本電装株式会社（現、株式会社デンソー）入社。デンソー総務部長時代から企業の社会的責任とNPOとのパートナーシップ・協働の促進に取り組み、パートナーシップ・サポートセンター、アジア車いす交流センターなどのNPOの設立に参画。1999年愛知県民間非営利活動促進に関する懇話会委員、2004年から愛知県行政評価委員会委員、2007年から愛知県市場化テスト監理委員会委員、2008年から愛知県ロードマップ208アドバイザーを歴任。2011年から愛知行政改革の推進に向けた公開ヒアリング外部有識者委員。

河井　孝仁　Kawai Takayoshi
　パートナーシップ・サポートセンター理事。東海大学文学部広報メディア学科教授。博士（情報科学）。専門は行政広報論（シティプロモーション）、地域情報論。名古屋大学大学院情報科学研究科博士後期課程満期退学。日本広報学会常任理事。総務大臣委嘱地域情報化アドバイザー、磐田市協働のまちづくり推進委員会委員長など。著書に『シティプロモーション 地域の魅力を創るしごと』（東京法令出版）、『地域を変える情報交流 創発型地域経営の可能性』（東海大学出版会）など多数。
　http://www28.atwiki.jp/tacohtk/

小林　有見子　Kobayashi Yumiko
　パートナーシップ・サポートセンター会員。とちぎ協働デザインリーグ主任研究員／作新学院大学客員講師。宇都宮大学工学研究科博士前期課程修了。修士（工学）。専門は、NPOマネジメント論。コミュニティマネジメント論。「栃木県社会貢献活動団体（NPO・ボランティア団体）に関する実態調査報告書」、「栃木県企業の社会貢献活動に関する実態調査報告書」ほか多数を企画・調査・執筆。

小室　達章　Komuro Tatsuaki
　パートナーシップ・サポートセンター会員。金城学院大学国際情報学部准教授。名古屋大学大学院経済学研究科博士後期課程修了。博士（経済学）。専攻はリスクマネジメント論。「企業と社会」論の視点から、リスクマネジメント・危機管理のあり方を考察する。特にステークホルダーに対するリスクコミュニケーションを、リスクマネジメント論の体系に位置づけていくことに関心をもつ。日本経営学会、組織学会などに所属。

杉田　教夫　Sugita Norio
　パートナーシップ・サポートセンター会員。2005年、損害保険会社を早期退職し、2011年4月までNPO法人パブリックリソースセンター　プログラムオフィサーとして、主に社会的責任投資に関わる企業の調査・評価に携わった。現在、長野県茅野市で野菜作りをしながら、NPO法人労働相談センターにおいて、全国からのさまざまな雇用問題に関する相談に対応。全国一般労働組合東京地本損保支部アドバイザー。

高浦　康有　Takaura Yasunari
　パートナーシップ・サポートセンター会員。東北大学大学院経済学研究科准教授。一橋大学大学院商学研究科博士課程退学、専攻は企業倫理。学内外で企業の社会的責任、企業とNPOのアライアンス関係、ソーシャル・ベンチャーなどについて幅広く教育および研究活動を行なっている。日本経営倫理学会理事。

140

手塚　明美　Teduka Akemi
　パートナーシップ・サポートセンター会員。NPO法人藤沢市市民活動推進連絡会理事／事務局長。一般社団法人ソーシャルコーディネートかながわ理事長。1998年NPO法の制定をきっかけに、それまでの地域活動と社会教育活動によって培われた経験を生かし、NPOの支援を通じたまちづくり団体の創設に参画。2001年より神奈川県藤沢市のNPO支援センターのセンター長を務める。NPO支援の在り方を柱に、情報収集と発信を進め、非営利組織のマネジメント支援、CB・SB等の起業支援を中心に活動してきたが、最近ではNPOと他セクターとの協働及びSR推進に取り組んでいる。

長谷川　直哉　Hasegawa Naoya
　パートナーシップ・サポートセンター会員。法政大学人間環境学部教授、同大学院公共政策研究科環境マネジメントコース長。横浜国立大学大学院国際社会科学研究科博士後期課程修了。博士（経営学）。専門はCSR論、CSR金融、経営倫理、経営史。㈱損害保険ジャパンにおいてSRIファンドの企画・運用に従事。中央大学大学院、芝浦工業大学大学院兼任講師、環境経営学会（幹事）、環境経済政策学会、日本経営倫理学会などに所属。著書に『環境経営学の扉』（共著・文眞堂）、『生態会計への招待』（共著・森山書店）、『スズキを創った男　鈴木道雄』（単著・三重大学出版会）など多数。

藤野　正弘　Fujino Masahiro
　パートナーシップ・サポートセンター会員。54歳の時に外資系企業を早期退職してNPOの世界に飛び込む。NPO法人きょうとNPOセンターに勤務し、事業企画やマネジメントに関する相談を通してNPO支援を行うとともに、中小企業のCSRを応援する目的でCSRサポートデスクを運営し、2012年10月末で同センターを定年退職。また、企業とNPOのパートナーシップをサポートする活動の一環でCSRを研究テーマとし、2007年に龍谷大学法学研究科修士課程修了。他に認定NPO法人きょうとグリーンファンド理事、京都府「明日の京都委員会」委員。

横山　恵子　Keiko Yokoyama
　パートナーシップ・サポートセンター会員。関西大学商学部教授。北海道大学大学院経済学研究科博士後期課程修了。博士（経営学）。CSR戦略、企業とNPOの戦略的協働についての研究および教育活動を行っている。著書に『企業の社会戦略とNPO』（単著、白桃書房）、『新しい公共空間のデザイン』（共著、東海大学出版会）等がある。

編集：山崎　恵美子（パートナーシップ・サポートセンター）

〈編著者紹介〉

岸田 眞代　Kishida Masayo

特定非営利活動法人パートナーシップ・サポートセンター(PSC)代表理事。大学卒業後、商社勤務、新聞・雑誌記者、経営コンサルタント会社等を経て㈲ヒューマンネット・あい設立。「リーダーに求められる要件・能力200問(自己分析)」を開発。企業・行政研修講師。1993年NPOと出合い、94年名古屋で初のNPOセミナー開催。96年「企業とNPOのパートナーシップスタディツアー」を企画実施。98年パートナーシップ・サポートセンター(PSC)を設立。2000年「パートナーシップ評価」発表。2002年には「パートナーシップ大賞」を創設した。各種行政委員歴任。
編著書は「パートナーシップ大賞」第1回〜第8回事例集(巻末書籍紹介参照)、『中小企業の環境経営』(サンライズ出版　2010.3)ほか、「企業とNPOのためのパートナーシップガイド」「女が働く　均等法その現実」「中間管理職―女性社員育成への道―」等多数。
現在中部経済新聞に「企業とNPO 企業が伸びる 地域が活きる」を連載中。

［連絡先］
特定非営利活動法人パートナーシップ・サポートセンター（PSC）
〒464-0067 愛知県名古屋市千種区池下1-11-21　サンコート池下4階
TEL：052-762-0401　　FAX：052-762-0407
E-mail：kishida@psc.or.jp　　URL：http://www.psc.or.jp

「第9回パートナーシップ大賞」受賞事例集
企業が伸びる 地域が活きる　協働推進の15年

2013年11月30日　第1刷発行

編著者　岸田　眞代

発行所　　特定非営利活動法人パートナーシップ・サポートセンター
　　　　　　　　　　　　　　　　　　　　　　　　　　　　（PSC）
　　　　　〒464-0067 名古屋市千種区池下1-11-21　サンコート池下4階
　　　　　TEL：052-762-0401

発　売　　サンライズ出版
　　　　　〒522-0004 滋賀県彦根市鳥居本町655-1
　　　　　TEL：0749-22-0627

©パートナーシップ・サポートセンター　2013　　Printed in Japan
ISBN978-4-88325-523-8
定価はカバーに表示しています。　乱丁本・落丁本は小社にてお取り替えいたします。

パートナーシップ・サポートセンター (PSC) の書籍紹介

「パートナーシップ大賞」で最終審査に残った事業や、現地調査した協働事業を紹介。「協働とは何か」「評価プロセス」「CSRとは何か」「NPOと企業の新しい関係」「CSR報告書100社分析」「協働のコツ」など常に最先端のテーマで迫る、企業とNPOのパートナーシップのための教本。

```
       NPO
        ⇅
       PSC
      ⇙   ⇘
    企 業   行 政
```

「第1回パートナーシップ大賞」受賞事例集
NPOと企業　協働へのチャレンジ
ケース・スタディ11選
（同文舘出版　2003.3）　定価：2,000円＋税

「第2回パートナーシップ大賞」受賞事例集
NPOからみたCSR　協働へのチャレンジ
ケース・スタディⅡ
（同文舘出版　2005.2）　定価：2,300円＋税

「第3回パートナーシップ大賞」受賞事例集
企業とNPOのパートナーシップ
CSR報告書100社分析　ケーススタディⅢ
（同文舘出版　2006.6）　定価：2,200円＋税

「第4回パートナーシップ大賞」受賞事例集
CSRに効く！　企業＆NPO協働のコツ
（風媒社　2007.10）　定価：2,000円＋税

「第5回パートナーシップ大賞」受賞事例集
点から線へ　線から面へ
（風媒社　2008.11）　定価：1,000円＋税

「第6回パートナーシップ大賞」受賞事例集
NPO＆企業 協働の10年
これまで・これから
定価：1,400円＋税

デザインによる地域の防災力向上、百貨店内への子育てひろばの設置など、特色あるNPOと企業の協働事例を顕彰する「パートナーシップ大賞」の第6回受賞事例を紹介。過去のグランプリ受賞者が一堂に会したパートナーシップ・サポートセンター創立10周年記念シンポジウムの模様も収録。　　　　　　　　（サンライズ出版　2010.12）

「第7回パートナーシップ大賞」受賞事例集
NPO＆企業 協働評価
目指せ！「パートナーシップ大賞」
定価：1,400円＋税

第7回パートナーシップ大賞グランプリに輝いた「モバイル型遠隔情報保障システム普及」事業をはじめ、「車椅子用雨カバー『ヌレント』開発」などユニークなNPOと企業の協働事例を紹介。第2部では、入賞を果たせなかった応募事業に対するコンサルティングの記録を収録し、「パートナーシップ大賞」入賞のポイントを紹介。（サンライズ出版　2011.10）

「第8回パートナーシップ大賞」受賞事例集
NPO＆企業 協働のススメ
目指せ！「パートナーシップ大賞」
定価：1,400円＋税

第8回パートナーシップ大賞受賞団体の事例を一挙紹介。震災後初の応募事例は格段にレベルが向上していることを本書で実証し、併せて、NPOと企業の協働推進の関わるQ＆Aも収録。　　　　　（サンライズ出版　2012.12）

東海地域における循環・環境配慮型地域社会構築のヒントとなる一冊
中小企業の環境経営
地域と生物多様性
定価：1,200円＋税

愛知県下の中小企業における社会的貢献と活動事例を収録。CSR活動のスピード性、地域へのひろがりなど、環境経営は中小企業だからできるという強みも持ち合わせている。名古屋商工会議所作成の環境行動計画も付記し、バラエティとバイタリティに富んだ東海地域における循環・環境配慮型地域社会構築のヒントとなる一冊。
（サンライズ出版　2010.3）